Hans Magnus Enzensberger

Le Démon des Maths

Le livre de chevet de tous ceux qui ont peur des mathématiques

Illustrations de
Rotraut Susanne Berner

Traduit de l'allemand
par Jean-Louis Schlegel

Seuil / Métailié

Pour Theresia

Titre original : *Der Zahlenteufel*

© Carl Hanser Verlag München Wien, 1997
pour l'édition originale
© Éditions Métailié et Éditions du Seuil, 1998
pour l'édition française

Traduction française : Jean-Louis Schlegel

Dépôt légal : mars 1998
ISBN : 2-02-032445-8
N° 32445-2

Loi 49-956 du 16 juillet 1949
sur les publications destinées à la jeunesse.

LA PREMIÈRE NUIT

Il y avait belle lurette que Pierre en avait assez de rêver. Il se disait : « Dans mes rêves, c'est toujours moi l'imbécile ! »

Par exemple, il arrivait souvent qu'un poisson gigantesque et répugnant l'avale, et en plus, une fois qu'il était tiré d'affaire, il lui restait cette odeur épouvantable dans les narines. Ou alors il glissait sur un toboggan interminable dans des abîmes de plus en plus profonds. Il avait beau crier « stop ! » ou « au secours ! » tant qu'il voulait, il glissait de plus en plus vite, jusqu'à ce qu'il se réveille trempé de sueur.

Pierre était victime d'autres tours pendables s'il souhaitait avoir quelque chose tout de suite, par exemple un vélo de course avec au minimum vingt-huit vitesses. Il rêvait alors que le vélo, violet métallisé, l'attendait à la cave. C'était un rêve incroyablement précis. Le vélo était là, à gauche des casiers à bouteilles, et Pierre connaissait même la combinaison de l'antivol : 12345. C'était un jeu pour lui de la retenir ! Au milieu de la nuit, il se réveillait ;

encore à moitié endormi il prenait la clef accrochée à un clou et descendait en pyjama les quatre marches – et que découvrait-il à gauche des casiers à bouteilles ? Une souris crevée. Il s'était fait rouler ! Un vrai tour de cochon !

Avec le temps, Pierre avait compris comment se protéger de ces fourberies. Dès qu'un rêve de ce genre survenait, il pensait, à la vitesse de l'éclair et sans se réveiller : « C'est encore ce vieux poisson écœurant. Je sais exactement comment les choses vont se passer maintenant. Il veut m'avaler. Mais je sais bien que c'est un poisson rêvé et qu'il ne pourra m'avaler que dans mon rêve, et nulle part ailleurs. » Ou alors il se disait : « Voilà que je glisse encore, il n'y a rien à faire, je n'arriverai pas à m'arrêter, mais *en réalité*, n'est-ce pas, je ne glisse pas du tout ! »

Et dès que le magnifique vélo de course surgissait, ou un jeu vidéo qu'il désirait absolument – n'était-il pas là-bas, en évidence, à portée de main près du téléphone ? – Pierre savait immédiatement qu'une fois de plus c'était une pure chimère. Il cessa donc de faire attention au vélo et le laissa où il était. Mais il avait beau se montrer futé, tout compte fait, c'était tout de même agaçant, voilà pourquoi il n'aimait pas parler de ses rêves.

Jusqu'à l'apparition, un jour, du démon des maths. Pierre était déjà heureux de n'avoir pas affaire, cette fois, à un poisson affamé, et de ne pas tomber dans une glissade sans fin, du haut d'une tour immense et branlante, toujours plus profond dans l'abîme. À la place, il rêvait d'une prairie. Seulement, une chose était étrange : l'herbe montait haut vers le ciel, si haut qu'elle dépassait la tête et les épaules de Pierre. Il regarda autour de lui et aperçut, là, un tout petit monsieur, à peu près de la taille d'une sauterelle, qui se balançait sur une feuille d'oseille et le contemplait de ses yeux de braise.

– Qui es-tu, toi ? demanda Pierre.

L'homme lui cria avec une force qui le surprit :

– Je suis le démon des maths !

Mais Pierre n'avait aucune envie de se laisser faire par ce gnome.

– D'abord, dit-il, ça n'existe pas, les démons des maths.

– Ah bon ? Alors pourquoi tu m'adresses la parole si je n'existe pas ?

– Et puis, je déteste les mathématiques.

– Et pourquoi donc?

– Si 2 boulangers cuisent 444 bretzels en 6 heures, combien de temps faut-il à 5 boulangers pour cuire 88 bretzels?... C'est stupide, continua Pierre en maugréant, une façon idiote de tuer le temps... Alors disparais! Va-t'en!

Le démon des maths sauta avec grâce du haut de son brin d'oseille et s'assit à côté de Pierre, qui manifesta sa mauvaise humeur en se laissant tomber dans l'herbe haute comme les arbres.

– Mais d'où tiens-tu donc cette histoire de bretzels? Sans doute de l'école?

– D'où veux-tu qu'elle vienne? répondit Pierre. M. Bouquet, le prof de maths, il a tout le temps faim. Pourtant, il est déjà très gros! Il croit qu'on ne le voit pas quand on fait nos exercices; alors il sort en douce un bretzel de son cartable et il le grignote pendant qu'on calcule.

– En effet, dit le démon des maths en ricanant. Je ne veux pas dire du mal de ton professeur, mais ça n'a rien à voir avec les mathématiques. Figure-toi que la plupart des vrais mathématiciens sont tout simplement incapables de calculer. En plus, leur temps est trop précieux. Il y a des calculatrices pour calculer à leur place. Tu n'en as pas?

– Si, mais on n'a pas le droit de s'en servir en classe.

– Ah bon ! dit le démon des maths. Ça ne fait rien. La table de multiplication de temps à autre, rien à redire... Ça peut devenir très utile si les piles tombent en panne. Mais les mathématiques, mon petit canard ! C'est tout à fait autre chose !

– Tu voudrais me faire changer d'avis, dit Pierre, mais je ne te fais pas confiance. Si tu me persécutes avec des devoirs à faire même dans mes rêves, je vais crier. Je te dénoncerai comme un bourreau d'enfants !

– Si j'avais su que j'aurais affaire à un froussard pareil, rétorqua le diable, je me serais certainement abstenu de venir. Enfin... Je me contenterai de discuter un peu avec toi. La nuit, j'ai du temps libre, alors je me suis dit : si j'allais faire un tour chez Pierre, il en a sûrement assez de glisser de son toboggan.

– Ça, c'est vrai.

– Eh bien alors ?

– Je ne me laisserai pas faire ! cria Pierre. Tu peux en être sûr !

Le démon des maths sauta en l'air et, d'un coup d'un seul, il cessa d'être aussi petit qu'auparavant.

– On ne parle pas ainsi à un diable ! hurla-t-il.

Il trépigna et écrabouilla l'herbe autour de lui. Ses yeux étincelaient !

– Excusez-moi, dit Pierre.

Ce qui lui arrivait commençait à lui paraître un peu inquiétant.

– Si c'est aussi facile de discuter de mathématiques que de cinéma ou de vélos, alors à quoi ça sert, un démon ?

– Eh bien, mon cher, je vais te l'expliquer. Ce qui est diabolique dans les nombres, c'est justement qu'ils sont simples ! En principe, tu n'as même pas besoin d'une calculatrice. Ce qu'il te faut, c'est juste le 1 ! Avec le 1, tu peux pratiquement tout faire. Si les gros chiffres te font peur, disons par exemple cinq millions sept cent vingt-trois mille huit cent douze, tu n'as qu'à commencer ainsi :

$$1+1$$
$$1+1+1$$
$$1+1+1+1$$
$$1+1+1+1+1$$
$$\cdots$$

et ainsi de suite jusqu'à ce que tu sois arrivé à cinq millions et des poussières. Ne dis surtout pas que c'est trop compliqué pour toi ! Le dernier des abrutis comprend cela, non ?

– Sûrement, dit Pierre.

– Et ce n'est pas tout, continua le démon des maths.

Il tenait maintenant une canne avec un pommeau argenté qu'il faisait tournoyer sous le nez de Pierre.

– Une fois arrivé à cinq millions et des poussières, tu continues tout simplement à compter. Et tu verras que ça continue à l'infini. Autrement dit, il y a des nombres en quantité infinie.

Pierre ne savait pas s'il devait croire cela.

– Comment tu le sais? demanda-t-il. Tu as déjà essayé?

– Bien sûr que non. D'abord, ça durerait trop longtemps, et ensuite c'est superflu.

Voilà qui n'était guère évident.

– Ou bien j'arrive à compter jusque-là, et alors ce n'est pas infini, objecta le jeune garçon, ou bien c'est infini, et je n'arriverai pas à compter aussi loin.

– Faux! s'écria le démon des maths.

Sa moustache tremblait, son visage devint tout rouge, sa tête enfla de fureur et se mit à grossir de plus en plus.

– Faux? Comment ça, faux? demanda Pierre.

– Pauvre ignare! Combien crois-tu qu'on a mâché de chewing-gums dans le monde entier jusqu'à maintenant?

– Je n'en sais rien.

– Dis un chiffre.

– Un nombre énorme, suggéra Pierre. Rien qu'Arnaud et Betty et Christopher, et ceux de ma classe, et ceux de notre ville, et ceux de France, et ceux d'Amérique... Ça va chercher dans les milliards.

– Au moins, acquiesça le démon des maths. Alors admettons que nous soyons arrivés au tout dernier chewing-gum. À ce moment-là, qu'est-ce que je fais ? Je sors un chewing-gum neuf de ma poche, et aussitôt nous avons le nombre de tous les chewing-gums mâchés jusqu'à présent plus un – celui qui vient immédiatement après. Tu comprends ? Je n'ai absolument pas besoin de compter les chewing-gums. Je te donne simplement un truc qui explique comment continuer. Tu n'as pas besoin d'en savoir plus.

Pierre réfléchit un moment. Il dut alors admettre que le bonhomme avait raison.

– D'ailleurs, ça marche aussi en sens inverse, ajouta le démon des maths.

– En sens inverse ? Ça veut dire quoi, ça ?

– Réfléchis, Pierre – et il se remit à ricaner –, il n'y a pas seulement des chiffres infiniment grands, il y en a aussi d'infiniment petits. Et en quantité infinie.

À ces mots, il fit tournoyer sa canne comme une hélice devant le visage de Pierre.

« Il me donne le vertige », pensait Pierre. Il avait les mêmes impressions que lorsqu'il glissait, en rêve, dans un abîme de plus en plus profond.

– Stop ! hurla-t-il.

– Pourquoi es-tu si nerveux, Pierre ? Tout cela est totalement inoffensif... Tiens, je prends un nouveau chewing-gum. Le voici...

Effectivement, il sortit de sa poche un authentique chewing-gum. Sauf que celui-ci ressemblait à une longue planche, qu'il était d'une couleur lilas inquiétante et dur comme de la pierre.

– C'est ça que tu appelles un chewing-gum ?

– Un chewing-gum de rêve, dit le démon des maths. Je vais le partager avec toi. Attention ! pour l'instant il est encore entier ! C'est *mon* chewing-gum. Une personne, un chewing-gum.

Il fixa un bout de craie, de la même couleur lilas, au bout de sa canne et continua :

– Voici comment cela s'écrit :

$$\frac{1}{1}$$

Il traça les deux 1 directement sur le ciel, exactement comme les avions tracent dans le ciel des slogans publicitaires. L'inscription lilas flottait sur fond de nuages blancs, et elle se mit à fondre peu à peu comme une glace à la framboise.

Pierre avait les yeux fixés sur le ciel.

– C'est fou, murmura-t-il. Une canne comme celle-là me rendrait service à moi aussi.

– Mais elle n'a rien de spécial. Avec ce truc, j'écris partout, sur les nuages, sur les murs, sur les écrans. Je n'ai pas besoin de cahier ni de cartable. Mais ce n'est pas le problème ! Regarde plutôt le chewing-gum. Je le casse maintenant en deux, comme cela, chacun de nous en aura une moitié. Un chewing-gum, deux personnes. On va mettre le chewing-gum en haut et les personnes en bas :

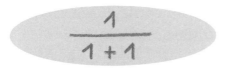

Maintenant les autres, ceux de ta classe, veulent aussi en avoir un bout, naturellement.

– Arnaud et Betty, dit Pierre.

– Si tu veux. Arnaud vient chez toi et Betty chez moi, et nous devons tous deux partager. Chacun reçoit donc un quart du chewing-gum :

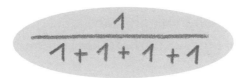

Naturellement, on est loin d'avoir terminé. De plus en plus de gens arrivent, qui en veulent chacun un morceau. D'abord ceux de ta classe, ensuite toute l'école, puis toute la ville. Chacun de nous quatre doit donner la moitié de son quart et ensuite la moitié de cette moitié, puis la moitié de la moitié de cette moitié, et ainsi de suite.

– On peut continuer longtemps comme ça, hasarda Pierre.

– Jusqu'à ce que les morceaux du chewing-gum deviennent si minuscules qu'on n'arrive plus à les voir à l'œil nu. Mais cela ne fait rien. Nous continuons à les partager jusqu'à ce que chacun, parmi les six milliards d'hommes sur terre, en ait reçu un. Et ensuite, ce sera le tour des six cents milliards de souris qui vivent sur terre et qui désirent aussi en avoir une part. Comme tu le vois, même en faisant comme ça, nous n'arrivons jamais à la fin.

Avec sa canne, le démon n'avait cessé de tracer sur le ciel des un couleur lilas sous un trait infiniment long, lui aussi lilas.

– Mais tu vas barbouiller le monde entier ! s'écria Pierre.

– Eh oui! s'exclama le démon des maths, tout fier de lui. Mais je le fais uniquement à cause de toi! Car c'est bien toi qui as peur des mathématiques et qui voudrais que tout soit simple pour éviter de te mélanger les crayons.

– Oui, mais des un, toujours des un, à la longue ça devient ennuyeux. En plus, ce n'est pas très rapide, osa objecter Pierre.

– Tu vois! dit le démon, et il essuya le ciel d'un geste négligent, jusqu'à ce que tous les un aient disparu. Évidemment, il serait plus pratique d'imaginer quelque chose de mieux que $1 + 1 + 1 + 1...$ C'est d'ailleurs pour cette raison que j'ai inventé tous les autres chiffres.

– Toi? C'est toi qui as inventé les chiffres? Allez, à d'autres!

– D'accord, admit le démon, moi ou quelques autres. Cela n'a guère d'importance, n'est-ce pas? Mais pourquoi diable es-tu si méfiant? Si tu veux, je te montrerai volontiers comment, à partir des un uniquement, on crée tous les autres chiffres.

– Eh bien vas-y! dis-moi comment on fait!

– C'est très simple. Je fais comme ceci:

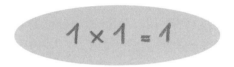

et ensuite, on va avoir:

Pour ça, tu vas probablement avoir besoin de ta calculette.

– Arrête tes bêtises, dit Pierre.

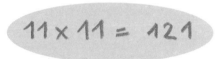

– Tu vois, dit le démon des maths, tu viens de faire un 2, uniquement avec des 1. Et maintenant, s'il te plaît, dis-moi combien font :

$$111 \times 111$$

– Ça, c'est trop fort, protesta Pierre. Je n'arrive pas à le faire de tête.

– Alors prends ta calculette.

– Mais où veux-tu que je la prenne ? Tu crois peut-être que j'emporte une calculette dans mes rêves !

– Prends celle-ci, dit le démon des maths, et il lui en mit une d'autorité dans la main.

Elle donnait la sensation curieuse d'être molle comme de la gélatine. Elle était collante

et d'un vert criard, mais elle fonctionnait. Pierre
appuya sur les touches :

$$| \; | \; | \times | \; | \; |$$

Et qu'est-ce qui apparut ?

$$| 2 3 2 \; |$$

– C'est fou ! s'exclama Pierre. J'ai créé le 3 !
– Eh oui ! Et maintenant tu continues tout
simplement.
Pierre appuya et appuya.

$$| \; | \; | \; | \times | \; | \; | \; | = | 2 3 4 3 2 \; |$$
$$| \; | \; | \; | \; | \times | \; | \; | \; | \; | = | 2 3 4 5 4 3 2 \; |$$

– Excellent !
Le démon des maths tapa sur l'épaule de
Pierre.
– Et il y a aussi un autre phénomène très
particulier. Tu l'as sûrement remarqué. Si tu
continues, tu vas non seulement faire sortir tous
les chiffres de un à neuf, mais tu vas pouvoir
lire le résultat de gauche à droite ou de droite
à gauche, exactement comme avec les mots
RADAR, ROTOR OU RESSASSER.

21

Pierre continuait ses expériences, mais dès qu'il fut arrivé à

$$| \, | \, | \, | \, | \, | \, | \times | \, | \, | \, | \, | \, | \, |$$

la calculatrice rendit l'âme. Elle fit *pfff!* et se transforma en une purée vert pomme qui se liquéfia doucement.

– Beurk! cria Pierre, et il essuya avec son mouchoir la substance verte collée à ses doigts.

– Pour aller plus loin, tu as simplement besoin d'une calculatrice plus puissante. Pour un ordinateur de taille moyenne, ce serait un jeu d'enfant.

– C'est vrai?

– Évidemment, dit le démon des maths.

– Il continuerait comme ça? demanda Pierre. Jusqu'à perpète?

– Mais naturellement!

– Tu as déjà essayé avec

$$11 \; 111 \; 111 \; 111 \times 11 \; 111 \; 111 \; 111$$

– Non, jamais.

– Je ne crois pas que ça marche, déclara Pierre.

Le démon des maths commença à calculer mentalement. Et en même temps, il se remit à enfler dangereusement, et sa tête gonfla jusqu'à ce qu'elle ressemble à un ballon rouge! De fureur, comme le pensait Pierre, ou à cause de l'effort fourni.

– Attends, ronchonna le bonhomme, c'est une véritable pagaille... Quelle malédiction! Tu as raison, ça ne marche pas! Comment le savais-tu?

– Je ne savais rien du tout, répondit Pierre, j'ai simplement deviné. Je ne suis pas stupide au point de calculer une chose pareille!

– Espèce de malappris! En mathématiques, on ne devine pas, compris? En mathématiques on travaille dans l'exactitude.

– Mais c'est toi qui m'as dit que ça continue jusqu'à perpète! Ça ne s'appelle pas deviner, peut-être?

– Tu te prends pour qui? Qui es-tu? un pauvre débutant, rien de plus! Et tu prétends me dire comment faire?

À chaque mot qu'il éructait, le démon des maths grandissait et grossissait. Il cherchait de l'air. Pierre finit par avoir peur de lui.

– Espèce de nain des nombres! Tête de piaf! Nullité pointée! hurla le vieux diable, et à peine eut-il lâché ce dernier mot qu'il explosa de pure fureur, dans un grand boum!

Pierre se réveilla. Il était tombé du lit. Il avait un peu le vertige, mais il ne put s'empêcher de rire en pensant à la manière dont il avait mis K.-O. le démon des maths.

LA DEUXIÈME NUIT

Pierre glissait. C'était toujours le même scénario. À peine était-il endormi que ça commençait : il se mettait à descendre. Cette fois, il était accroché à une sorte d'arbre. « Éviter de regarder en bas », se dit-il. Il agrippait le tronc de toutes ses forces et glissait, les mains en feu, vers le bas, le bas, le bas... Lorsqu'il atterrit brusquement sur le sol tapissé de mousse, il entendit un ricanement. Devant lui, assis sur un champignon velouté marron, le démon des maths, plus petit que dans son souvenir, le contemplait de ses yeux noirs.

– *Toi !* Mais d'où sors-tu ? demanda-t-il à Pierre.

Pierre fit un signe vers le haut. L'arbre montait très haut, et il vit qu'au sommet il se terminait par une branche. Pierre avait atterri dans une forêt composée uniquement de un gigantesques !

L'air autour de lui était empli de bourdonnements. Comme de petites mouches, une myriade de chiffres dansaient sous son nez. Il essaya de les chasser, mais il y en avait beaucoup trop, et il sentit des deux, des trois, des quatre, des cinq, des six, des sept, des huit, des neuf minuscules et de plus en plus nombreux le frôler. Pierre avait déjà particulièrement en horreur les moustiques et les papillons de nuit, et il n'appréciait pas du tout que ces bestioles l'approchent de trop près.

– Est-ce qu'ils te gênent? demanda le démon.

Il étendit sa petite main à plat et souffla d'un *pfff!* sur les nombres qui disparurent aussitôt. D'un seul coup, l'air était devenu limpide, et les un, tels des arbres, pointaient vers le ciel.

– Assieds-toi donc, Pierre, dit le démon des maths.

Cette fois, il était d'une amabilité surprenante.

– Où ça? Sur un champignon?

– Pourquoi pas?

– C'est stupide! rouspéta Pierre. Où sommes-nous au juste? Dans un livre pour enfants? La dernière fois, tu t'es assis sur une feuille d'oseille, et maintenant tu es sur un champignon! J'ai déjà lu quelque part une histoire de ce genre...

– Peut-être penses-tu au champignon d'*Alice au pays des merveilles*?

– Il faut vraiment être un démon pour connaître des trucs pareils, grommela Pierre.

– Voilà ce que c'est que de rêver, mon cher! Tu crois peut-être que c'est *moi* qui ai inventé toutes ces mouches? Ce n'est pas moi qui suis couché dans mon lit à dormir et à rêver. Je suis parfaitement éveillé! Alors quoi? Vas-tu éternellement rester debout?

Pierre dut s'avouer qu'il avait raison. Il grimpa sur un champignon énorme, moelleux, profond et confortable comme un vrai fauteuil.

– Est-ce que ça te plaît ici?

– Ça va, dit Pierre. Je me demande seulement qui a inventé tout ça, ces mouches en forme de nombres et cet arbre en forme de un que j'ai descendu. Jamais je n'aurais pu imaginer un rêve pareil. Ça vient de toi?

– Cela se pourrait, dit le démon des maths, en s'étirant avec satisfaction sur son champignon. Mais il manque quelque chose!

– Ah bon? Quoi?

– Le zéro!

C'était exact. Parmi les mouches et les moustiques, Pierre n'avait vu aucun zéro.

– Pourquoi il n'est pas là? demanda Pierre.

– Parce que le zéro est le chiffre que les hommes ont trouvé en dernier. Ce n'est d'ailleurs pas étonnant car c'est le plus raffiné de tous. Regarde!

Il recommença à écrire sur le ciel avec sa

canne, là où les un hauts comme des arbres formaient une clairière.

MCM

– Tu es né quand, Pierre?
– Moi? En 1986, dit Pierre avec quelque réticence.

Le démon écrivit :

MCMLXXXVI

– Oh, mais je connais ça! s'écria Pierre. Ce sont les nombres écrits à l'ancienne qu'on voit dans les cimetières.
– Ils nous viennent des anciens Romains. Ils ne faisaient pas dans la facilité. Leurs nombres sont difficiles à déchiffrer, c'est le moins qu'on puisse dire. Mais celui-ci, tu arrives sûrement à le lire?

I

– Un, dit Pierre.
– Et

X

– X, c'est dix.

– Bien. Toi, mon cher, tu es né en

MCMLXXXVI

– C'est drôlement compliqué, soupira Pierre.

– En effet. Et sais-tu pourquoi ? C'est parce que les Romains ne connaissaient pas le zéro.

– Je ne te comprends pas avec ton zéro. Le zéro, c'est rien, voilà tout !

– Juste. C'est ce qui est génial dans le zéro ! déclara le démon.

– Mais comment rien peut devenir un nombre ? Rien ne compte absolument pas.

– Peut-être bien que si. Seulement, ce n'est pas si facile de comprendre le zéro. Tu te rappelles comment nous avons partagé le grand chewing-gum entre les milliards d'hommes sur terre, pour ne pas parler des souris ? Les portions sont devenues de plus en plus minuscules, si petites qu'il était absolument impossible de les apercevoir, même avec un microscope. Et nous aurions pu continuer ainsi à diviser, mais le rien, le zéro, jamais nous ne l'aurions atteint. Presque, mais jamais vraiment.

– Et alors ? dit Pierre.

– Alors nous devons prendre les choses autrement. On va essayer avec le moins. Avec le moins, ça ira mieux.

Le démon des maths pointa sa canne sur l'un des gigantesques un, qui rétrécit aussitôt, jusqu'à ce qu'il se trouve près de Pierre, à sa disposition.

– Bon, eh bien, calculons un peu.
– Je ne sais pas calculer, prétendit Pierre.
– Ridicule !

– 1 - 1 = 0, dit Pierre. Évidemment.
– Tu vois ? Sans le zéro, ça ne marche pas.
– Mais pourquoi on l'écrit ? S'il ne reste rien, pas la peine d'écrire quoi que ce soit. Pourquoi faut-il un chiffre pour quelque chose qui n'existe pas ?
– Calcule donc ceci :

$$1-2 =$$

– 1 - 2 = -1.
– Bien. Maintenant, sans le zéro, ta série de nombres va ressembler à ceci :

$$... \ 4, 3, 2, 1, -1, -2, -3, -4 \ ...$$

La différence entre 4 et 3 est 1, entre 3 et 2 encore 1, entre 2 et 1 encore 1. Mais entre 1 et -1 ?

33

– Deux, assura Pierre.

– Il faut donc que tu aies laissé de côté un chiffre entre 1 et -1.

– Le satané zéro ! hurla Pierre.

– Je t'avais bien dit que ça n'allait pas sans lui. Ces pauvres Romains aussi ont cru qu'ils n'avaient pas besoin du zéro. Voilà pourquoi ils ne pouvaient tout simplement pas écrire 1986, mais devaient se donner un mal de chien avec leurs M, leurs C, leurs L, leurs X et leurs V.

– Mais qu'est-ce que ça a à voir avec nos chewing-gums et avec le moins ? demanda Pierre, agacé.

– Oublie le chewing-gum. Oublie le moins. Le véritable problème avec le zéro est tout à fait autre. Pour le comprendre, il faut faire marcher ta petite tête. Au fait, as-tu encore des forces ou préfères-tu te reposer ?

– Ça va, dit Pierre. Je suis content de ne plus descendre. Et puis, ce champignon est vraiment confortable.

– Bien. Alors je voudrais encore te proposer un petit problème à résoudre.

« Pourquoi est-il tout d'un coup si poli avec moi ? se demanda Pierre. Il est en train de me tendre un piège, c'est sûr. »

– Bon, allons-y.

Et le démon des maths demanda :

$$9 + 1 =$$

– C'est tout ? répondit Pierre, piqué au vif.
Dix !
– Et comment l'écris-tu ?
– Je n'ai pas de stylo.
– Cela ne fait rien, écris-le tout simplement
sur le ciel. Prends ma canne.

$$9 + 1 = 10$$

écrivit Pierre sur le ciel, d'une écriture de
nuages couleur lilas.
– Comment ça ? demanda le démon des
maths. Comment ça un moins zéro ? Un plus
zéro, cela ne fait certainement pas dix.
– Quel idiot ! s'écria Pierre. Il n'y a pas écrit
un *plus* zéro, mais un *avec* un zéro, et c'est le
dix.
– Et pourquoi, si je puis me permettre, est-
ce que ça fait dix ?
– Parce qu'on l'écrit comme ça !
– Et pourquoi l'écrit-on comme ça ? Peux-tu
me le dire ?
– Pourquoi, pourquoi, pourquoi ! Tu
m'énerves, à la fin ! cria Pierre.
– Tu ne veux pas le savoir ? demanda le

démon des maths, en se calant confortablement sur son champignon.

Un long silence suivit, jusqu'à ce que Pierre ne le supporte plus.

– Eh bien, dis-le, à la fin ! hurla-t-il.

– C'est très simple. Cela vient de ce qu'on bondit.

– On bondit ? répondit Pierre avec dédain. Qu'est-ce que tu racontes ? Depuis quand les nombres bondissent ?

– Cela s'appelle bondir parce que *moi* je l'appelle comme ça. N'oublie pas qui a le dernier mot ici. Ce n'est pas pour rien que je suis le démon des maths, je te prie de le noter.

– D'accord, d'accord, admit Pierre. Alors, c'est quoi bondir ?

– Écoute. Le mieux, c'est de recommencer avec le 1. Plus exactement avec le 1 x 1.

$$1 \times 1 = 1$$
$$1 \times 1 \times 1 = 1$$
$$1 \times 1 \times 1 \times 1 = 1$$

Tu peux faire cela autant de fois que tu voudras, cela ne fera jamais que un au bout.

– Et alors ?

– Maintenant, s'il te plaît, fais la même chose avec deux.

– D'accord, dit Pierre.

$$2 \times 2 = 4$$
$$2 \times 2 \times 2 = 8$$
$$2 \times 2 \times 2 \times 2 = 16$$
$$2 \times 2 \times 2 \times 2 \times 2 = 32$$

, . .

– Mais ça monte terriblement vite! Si je continue encore un peu, j'aurai vite besoin de la calculette!

– Pas la peine. Ça montera plus vite encore si tu prends le cinq :

$$5 \times 5 = 25$$
$$5 \times 5 \times 5 = 125$$
$$5 \times 5 \times 5 \times 5 = 625$$
$$5 \times 5 \times 5 \times 5 \times 5 = 3125$$
$$5 \times 5 \times 5 \times 5 \times 5 \times 5 = 15625$$

– Arrête! cria Pierre.

– Pourquoi te mets-tu dans tous tes états dès qu'un grand nombre arrive? La plupart des grands nombres sont parfaitement inoffensifs!

– C'est que, là, je suis moins sûr de moi, dit Pierre. C'est compliqué d'aligner des cinq multipliés par cinq...

– Évidemment. D'ailleurs, quand on est un

démon des maths, on évite d'écrire toujours la même chose, ce serait beaucoup trop ennuyeux. J'écris plutôt :

$$5^1 = 5$$
$$5^2 = 25$$
$$5^3 = 125$$

et ainsi de suite. Cinq puissance un, cinq puissance deux, cinq puissance trois. En d'autres termes, je fais bondir les cinq. Compris ? Et si tu fais la même chose avec les dix, c'est encore plus facile. Ça va tout seul, sans calculatrice. Si tu mets le dix à la puissance un, il reste comme il est :

$$10^1 = 10$$

Si tu le fais bondir deux fois :

$$10^2 = 100$$

Et si tu le fais bondir trois fois :

$$10^3 = 1000$$

– Je le fais bondir cinq fois! s'écria Pierre.
100 000! Et encore une fois. Déjà un million!

– Jusqu'à l'infini, dit le démon des maths.
C'est facile, non? Et voilà ce qui est beau avec le zéro. Tu connais tout de suite la valeur d'un nombre selon l'endroit où il est placé : plus il est à gauche, plus sa valeur est grande ; plus il est à droite, moins il vaut. Si tu écris 555, le dernier cinq vaut exactement cinq, pas plus pas moins. L'avant-dernier cinq vaut déjà dix fois plus, donc cinquante ; et le cinq qui est tout à gauche vaut cent fois le dernier, à savoir cinq cents. Pourquoi? Parce qu'il a glissé devant. Les cinq des anciens Romains étaient et restaient toujours simplement des cinq car les Romains ne connaissaient pas le bond. Et ils ne le connaissaient pas parce qu'ils n'avaient pas le zéro. Tu comprends maintenant pourquoi ils devaient écrire des nombres aussi biscornus que MCMLXXXVI. Tu as de la chance, Pierre! Ta situation est infiniment meilleure. À l'aide du zéro et d'un petit bond, tu peux fabriquer toi-même tous les nombres que tu veux, si grands ou si petits soient-ils. Prenons par exemple 786.

– Je n'en ai rien à faire de 786.

– Bon sang! Ne te fais donc pas plus bête que tu n'es! Prends l'année de ta naissance si tu veux : 1986.

Le démon des maths recommençait à enfler dangereusement, et le champignon sur lequel il était assis aussi.

– Vas-y! hurla-t-il. Alors?

« Le voilà reparti, songea Pierre. Quand il s'énerve, ce bonhomme est insupportable, pire que M. Bouquet. » Prudemment, il écrivit un grand un sur le ciel.

– Faux! cria le démon des maths. Archifaux! Pourquoi devais-je tomber justement sur un imbécile comme toi? Il faut que tu fabriques le nombre, espèce d'idiot, et pas seulement que tu le colles là.

Pierre aurait préféré s'éveiller sur-le-champ. « Est-ce que je vais devoir tolérer ça encore longtemps? » se demanda-t-il, et il vit la tête du démon des maths devenir de plus en plus rouge et grosse.

– Par la fin! hurla le diable.

Pierre le regardait sans comprendre.

– C'est par la fin que tu dois commencer, pas par le début!

– Si ça te fait plaisir…

Pierre ne voulait pas se fâcher avec lui. Il effaça le un et écrivit un six.

– Ça y est. Tu as enfin compris? Alors nous pouvons continuer.

– Si tu veux, dit Pierre de mauvaise grâce. Pour être honnête, je préférerais que tu ne te mettes pas en rogne à tout bout de champ et pour n'importe quoi.

– Désolé, dit le démon. Mais je n'y peux rien. Finalement, un démon des maths, ce n'est pas le Père Noël.

– Tu es satisfait de mon six ?

Le bonhomme hocha la tête et écrivit en dessous :

$$6 \times 1 = 6$$

– Mais c'est la même chose, dit Pierre.

– Continue. C'est au tour du huit. Mais n'oublie pas de faire bondir !

Pierre venait de comprendre ce que le démon voulait dire, et il écrivit :

$$8 \times 10 = 80$$

– Je sais comment ça marche ! s'écria-t-il avant que le démon des maths ait pu dire quelque chose. Avec le neuf, il faut que je fasse bondir deux fois le dix, et il écrivit :

$$9 \times 100 = 900$$

et

$$1 \times 1000 = 1000$$

Il avait bondi trois fois.

– Au total cela fait :

$$6 + 80 + 900 + 1000 = 1986$$

Finalement, ce n'est pas si difficile que ça ! J'y arriverais même sans un démon des maths.
– Ah bon ? J'ai l'impression que ça te monte un peu à la tête. N'oublie pas que jusqu'à présent, tu n'as eu affaire qu'aux nombres tout à fait ordinaires. C'est du pipi de chat ! Attends un peu que je sorte de mon chapeau les nombres fractionnaires. Car tu dois savoir qu'ils sont beaucoup plus nombreux. Ensuite, les nombres imaginés de toutes pièces et, enfin, les nombres déraisonnables, qui existent en nombre plus qu'infini – tu n'as pas idée ! Et les nombres qui n'arrêtent jamais de tourner, et les nombres dont la série ne s'arrête pas !

Quand il prononça ces mots, son ricanement devint de plus en plus horrible. On apercevait même ses dents : c'étaient des dents en nombre infini. Et il se remit à faire tournoyer sa canne sous le nez de Pierre.

– Au secours ! cria Pierre, et il se réveilla.

Encore hébété, il dit à sa mère :

– Sais-tu quand je suis né ? 6 x 1 et 8 x 10 et 9 x 100 et 1 x 1000.

– Je ne sais pas ce qui lui arrive ces derniers temps, murmura sa mère.

Elle haussa les épaules et lui tendit sa tasse de chocolat.

– Cela va te redonner des forces ! Tu radotes...

Pierre but son chocolat et se tut.

« Impossible, songeait-il, de tout lui expliquer. »

LA TROISIÈME NUIT

Finalement, Pierre aimait bien que le démon des maths lui rende visite de temps à autre. Certes, le bonhomme savait toujours tout mieux que les autres, et ses accès de fureur n'avaient rien de sympathique. Impossible de savoir quand sa tête allait devenir toute rouge et quand il allait se mettre à enfler et à se fâcher. Mais tout cela valait toujours mieux, beaucoup mieux, que d'être englouti par un poisson gluant ou de glisser toujours plus bas dans un trou noir.

Enfin, Pierre se proposait, lors de la prochaine visite du démon, de lui démontrer qu'il n'était pas le premier venu. « Il faudrait lui clouer le bec, à ce type, pensa-t-il avant de s'endormir. Qu'est-ce qu'il s'imagine avec son zéro. Et d'abord, le zéro, c'est lui ! Il n'existe qu'en rêve ! Il suffit que je me réveille et hop, envolé ! »

Mais pour lui clouer le bec, encore fallait-il que Pierre rêve du démon des maths, et pour rêver de lui, il devait d'abord s'endormir. Pierre venait de comprendre que, justement, ce n'était pas si simple. Il était réveillé et se retournait sans cesse dans son lit. Ça ne lui était jamais arrivé auparavant.

– Pourquoi n'arrêtes-tu pas de te retourner ? demanda le démon des maths.

Pierre s'aperçut alors que son lit était installé dans une caverne.

Le démon était assis devant lui, en train d'agiter sa canne.

– Debout, Pierre ! dit-il. Aujourd'hui, nous passons à la division !

– Est-ce que c'est bien nécessaire ? demanda le garçon. D'ailleurs, tu aurais pu attendre que je sois endormi. Et de toute façon, je ne supporte pas la division.

– Pourquoi ?

– Eh bien, avec les plus et les moins ou les multiplications, les opérations tombent juste. Il n'y a que la division où cela ne marche pas. Souvent il y a un reste, et je trouve ça casse-pieds.

– La seule question qui vaille est : quand ?

– Quoi, quand ?

– Quand y a-t-il un reste et quand n'y en a-t-il pas ? poursuivit le démon des maths. C'est en effet le point essentiel. Car pour certains nombres, on voit tout de suite qu'on peut les diviser sans qu'il y ait un reste à la fin.

– Tu as raison, dit Pierre. Avec les chiffres pairs, on tombe toujours juste si on les divise par deux. Pas de problème ! Et c'est facile aussi avec les nombres multiples de trois :

$$9 : 3$$
$$15 : 3$$

et ainsi de suite. C'est pareil que pour la multiplication, il faut seulement le faire en sens inverse :

$$3 \times 5 = 15$$

Et donc

$$15 : 3 = 5$$

Pour faire tout ça, je n'ai pas besoin d'un démon des maths, j'en suis capable tout seul.

Pierre aurait mieux fait de se taire. Le démon le tira brusquement hors du lit. Sa moustache tremblait, son nez se mit à rougir et sa tête sembla commencer à enfler.

– Tu ne sais pas ce que tu racontes ! hurla-t-il. Simplement parce que tu as appris par cœur la table de multiplication, tu crois que tu t'y connais ! Tu connais moins que rien !

« Ça y est, le voilà reparti, se dit Pierre. Il commence par me jeter du lit et il se met en colère quand je n'ai aucune envie de faire des divisions ! »

– C'est par pure bonté que je viens voir ce débutant pour lui faire entrer quelque chose dans le crâne, et à peine ai-je ouvert la bouche qu'il devient effronté!

– C'est ça que tu appelles de la bonté?

Pierre aurait préféré s'enfuir à toutes jambes. Mais comment sortir d'un rêve? Ses yeux firent le tour de la caverne. Impossible de trouver la sortie!

– Où veux-tu aller?

– Dehors.

– Si tu t'en vas maintenant, menaça le démon des maths, tu ne me reverras plus jamais! Alors, tu pourras t'ennuyer à mort chez ton M. Bouquet et croquer des bretzels à en devenir malade, ça m'est égal.

Pierre pensa: « C'est le plus sage qui cède en premier. »

– Excuse-moi, dit-il. Ce n'est pas ce que je voulais dire.

– Tant mieux!

La fureur du démon s'était calmée aussi vite qu'elle avait débuté.

– Dix-neuf, grommela-t-il. Essaie avec le 19. Tu dois le diviser en parts égales, mais de telle sorte qu'il n'en reste rien.

Pierre réfléchit.

– Ça ne marche que d'une seule façon, finit-il par dire. Je le partage en dix-neuf parts égales.

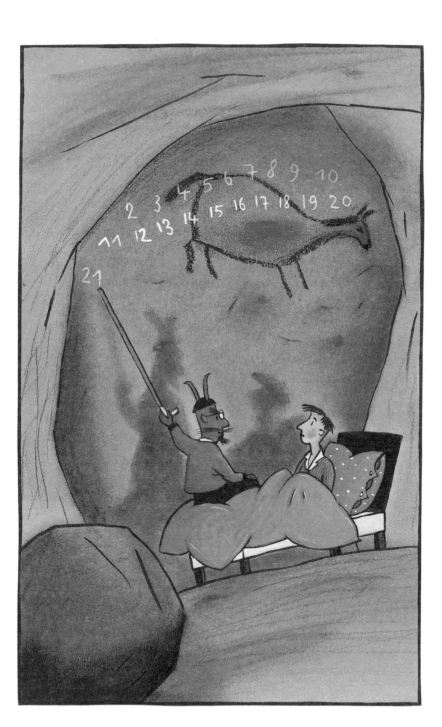

– Non, cela ne compte pas, rétorqua le démon des maths.

– Alors je divise par zéro.

– Cela ne va pas du tout.

– Et pourquoi ?

– Parce que c'est interdit. Diviser par zéro est strictement interdit.

– Et si je le fais quand même ?

– Mais ce sont toutes les mathématiques qui s'effondrent !

Le démon des maths recommençait déjà à s'énerver. Par bonheur, il se contrôla et dit :

– Réfléchis un peu. Si tu divises par zéro, qu'est-ce qui va se passer ?

– Je n'en sais rien. On aura cent, ou zéro, ou un nombre entre les deux.

– Tout à l'heure, tu as dit qu'il suffisait de le faire en sens inverse de la multiplication. C'était à propos du trois.

$$3 \times 5 = 15$$

On aura donc nécessairement :

$$15 : 3 = 5$$

Essaie de le faire avec le 19 et le 0 !

Pierre calcula :

– 19 : 0, cela fait… disons 190.

– Et inversement ?

– 190 x 0... 190 x 0... cela fait 0 !

– Tu vois ? Et qu'importe le nombre que tu choisis : il en résultera toujours zéro et jamais dix-neuf. Donc, qu'est-ce qui ressort de tout cela ? Que tu n'as pas le droit de diviser un nombre par zéro, car il n'en sortira jamais qu'un résultat stupide.

– Bon, d'accord, dit Pierre. Je laisse tomber. Mais qu'est-ce que je fais avec le 19 ? Que je le divise par 2, 3, 4, 5, 6, 7, 8, il y a toujours un reste.

– Approche, dit le vieux diable à Pierre, je vais te confier quelque chose.

Pierre se redressa vers lui, si près que la moustache du bonhomme lui chatouillait l'oreille. Le démon des maths lui chuchota un secret.

– Il faut que tu saches que tu as d'un côté ces nombres effroyablement ordinaires qu'on peut diviser, et de l'autre ceux pour lesquels c'est impossible. Ce sont mes préférés. Sais-tu pourquoi ? Parce qu'ils sont épatants. Et ces nombres-là, les mathématiciens se cassent les dents dessus depuis un millénaire. Ce sont des nombres merveilleux. Par exemple, le onze, ou le treize, ou le dix-sept.

Pierre était stupéfait car le démon des maths semblait soudain en extase, comme s'il était en train de faire fondre une friandise sur sa langue.

– Et maintenant, dis-moi, mon cher Pierre, quels sont les premiers nombres épatants ?

– Zéro, répondit Pierre, pour l'énerver.

– Zéro est interdit ! hurla le démon ; et il se remit à gesticuler en agitant sa canne autour de lui.

– Eh bien, disons un !

– Un n'entre pas en ligne de compte. Combien de fois devrai-je te le dire ?

– Bon, bon. Ne t'énerve pas. Eh bien, disons le deux. Et aussi le trois, à mon avis en tout cas. Pas le quatre, on a déjà essayé. Le cinq sûrement, puisqu'on peut pas le diviser. Bon, ben, et ainsi de suite.

– Ah bon ! Et cela veut dire quoi, ainsi de suite ?

Le démon s'était un peu calmé. Il se frottait même les mains. C'était un signe qu'il était content et qu'il préparait encore un coup d'éclat.

– C'est ça qui est superbe avec les nombres épatants, dit-il. Personne ne sait à l'avance comment ça continue avec eux, excepté moi, bien sûr, mais je ne le dirai à personne.

– À moi non plus?

– À personne! Jamais! C'est justement ça, le hic : on ne sait pas d'emblée si un nombre est épatant ou non. Nul homme ne peut le savoir d'avance. Il faut le vérifier.

– Mais comment?

– Nous allons le voir tout de suite.

Il se mit à inscrire sur les murs de la caverne, avec sa canne, tous les nombres de 2 à 50. Voici comment les choses se présentaient à la fin de l'exercice :

	2	3	4	5	6	7	8	9	10
11	12	13	14	15	16	17	18	19	20
21	22	23	24	25	26	27	28	29	30
31	32	33	34	35	36	37	38	39	40
41	42	43	44	45	46	47	48	49	50

– Voilà, mon cher, et maintenant, prends ma canne. Quand tu auras trouvé qu'un nombre n'est pas épatant, tu n'auras qu'à le toucher légèrement et il disparaîtra !

– Mais il manque le un, récrimina Pierre. Et le zéro.

– Combien de fois faudra-t-il te le rappeler ? Ce ne sont pas des nombres comme les autres. Ils ne sont *ni* épatants *ni* non épatants. Tu ne te souviens plus de ce dont tu as rêvé au tout début ? Que tous les nombres sont issus du un et du zéro ?

– Comme tu veux, dit Pierre. Je vais donc commencer par effacer les nombres pairs, car c'est trop facile de les diviser par deux.

– Excepté le 2, l'avertit le démon des maths. C'est un nombre épatant, ne l'oublie pas.

Pierre saisit la canne et commença. En un instant, le tableau des nombres prit l'allure suivante :

	2	3		5		7		9		
11		13		15		17		19		
21		23		25		27		29		
31		33		35		37		39		
41		43		45		47		49		

– Et maintenant, je continue avec le 3. Le 3

est épatant. Tout multiple de 3 qui va suivre n'est pas épatant puisqu'on peut le diviser par 3. Six, neuf douze, et ainsi de suite.

Pierre effaça la série des multiples du trois, et il resta ceci :

	2	3		5		7				
11		13				17		19		
		23		25				29		
31				35		37				
41		43				47		49		

– Ensuite, les multiples de 4. Mais non, ils ont déjà disparu puisque les 4 ne sont pas épatants : 4, c'est 2 x 2. Mais le 5 est épatant. Pas le 10. Lui aussi a déjà disparu, puisque c'est 2 x 5 !

– Et tu peux rayer aussi tous ceux qui finissent par un 5.

– D'accord.

	2	3		5		7				
11		13				17		19		
		23						29		
31						37				
41		43				47		49		

Pierre prenait goût à l'exercice.

– Nous pouvons oublier le 6 ! cria-t-il. C'est 2 x 3 ! Mais le 7 est épatant.

– Épatant ! s'exclama le démon des maths.

– Le 11 aussi.

– Et quels sont les autres nombres épatants ?

> *Eh oui, chère lectrice, cher lecteur, tu vas devoir le découvrir toi-même. Prends un gros feutre et continue jusqu'à ce qu'il ne reste plus que des nombres épatants. Entre nous : il y en a exactement quinze, ni plus ni moins.*

– C'est bien, Pierre.

Le démon des maths alluma une petite pipe et pouffa de rire ouvertement.

– Qu'est-ce qui te fait rire ? demanda Pierre.

– Évidemment, jusqu'à 50 ça va encore.

Confortablement installé dans son siège, le démon des maths ricanait méchamment.

– Mais si tu penses à un nombre comme

$$10\ 000\ 019$$

ou

$$141\ 421\ 356\ 237\ 307$$

Est-ce qu'il est épatant ou non ? Si tu savais combien d'excellents mathématiciens se sont échinés à résoudre cette question ! Même les plus grands parmi les démons des maths ont mordu la poussière !

– Tout à l'heure, tu m'as pourtant dit que tu connaissais la suite des nombres épatants.

– J'ai sans doute parlé trop vite.

– Pas mal ! Pour une fois, tu reconnais que tu t'es trompé, susurra Pierre. Par moment, on a l'impression, avec toi, d'avoir affaire à un vrai pape des nombres !

– Les esprits naïfs s'attellent au problème avec des ordinateurs géants. Durant des mois et des mois, ils font des calculs sur leurs machines et se cassent la tête. Il faut que tu saches que le truc que je t'ai montré – effacer d'abord les multiples de deux, puis de trois, puis de cinq et ainsi de suite – est un procédé vieux comme le monde. C'est bien, mais quand il s'agit de grands nombres, ça dure à n'en plus finir. Entre-temps, on a inventé toutes sortes de méthodes plus raffinées, mais si subtiles qu'elles soient, quand il s'agit des nombres épatants, nous restons des enfants. C'est justement pour ça qu'ils sont diaboliques, et le diabolique m'emplit d'aise !

En prononçant ces mots, le démon faisait tournoyer sa canne, la mine réjouie.

– Si tu veux... Mais pourquoi c'est si compliqué ? demanda Pierre.

– Arrête avec tes questions idiotes ! N'est-ce pas justement ce qui est passionnant au royaume des nombres et qui fait que ça ne sent pas le moisi comme chez ton M. Bouquet? Ah, celui-là! je le retiens avec ses bretzels! Sois heureux que je te révèle des secrets pareils. Par exemple celui-ci : tu prends un nombre supérieur à 1, et ensuite tu le multiplies par 2.

– 222, dit Pierre. Et 444.

– Entre chaque nombre comme celui-ci et son multiple par 2, il y a toujours, je dis TOUJOURS, un nombre épatant.

– Tu en es sûr?

– 307, répondit le vieux diable. Mais ça marche aussi avec des nombres colossalement grands.

– Comment tu le sais?

– Oh, il y a encore bien mieux! dit le démon en prenant ses aises dans son siège.

Il était devenu impossible de l'arrêter maintenant.

– Prends un nombre pair, absolument n'importe lequel, il faut seulement qu'il soit supérieur à deux, et je te montrerai que c'est la somme de deux nombres épatants.

– 48, s'exclama Pierre.

– 31 + 17, dit le bonhomme sans se creuser longtemps la cervelle.

– 34! cria Pierre.

– 29 + 5, rétorqua le diable, sans même retirer sa pipe de sa bouche.

– Et ça marche toujours ? s'étonna Pierre. Comment ça ? Pourquoi est-ce que ça se passe comme ça ?

– Ça, répondit le démon des maths – son front se plissait et du regard il suivait les ronds de fumée qu'il recrachait –, j'aimerais bien le savoir moi-même. Presque tous les démons des maths que je connais ont essayé de trouver la solution. Le compte est toujours bon, sans exception. Mais personne n'a jamais rien pu démontrer.

« Elle est un peu raide, celle-là », pensa Pierre, et il ne put s'empêcher de rire.

– Je trouve ça vraiment épatant ! se risqua-t-il.

Il était ravi, au fond, que le démon des maths raconte des histoires pareilles. Ce dernier, comme toujours quand il ne pouvait aller plus loin, avait une mine plutôt déconfite, mais il se remit à tirer sur sa pipe et rit avec Pierre.

– Tu n'es pas aussi bête que tu en as l'air, mon cher Pierre. Dommage que je doive m'en aller maintenant. Je vais rendre visite à quelques mathématiciens cette nuit. J'ai plaisir à tourmenter un peu ces gars-là.

Déjà, il devenait de plus en plus mince. Ou plutôt non, pas plus mince mais presque transparent, et puis la caverne fut vide. Seul un petit nuage de fumée flottait encore dans l'air. Les nombres écrits sur le mur s'évanouirent sous les yeux de Pierre, et il ressentit une impression de

61

douceur et de tiédeur, comme sous une couverture. Il essaya de se rappeler ce qu'il y avait de remarquable avec les nombres épatants, mais ses pensées ne cessaient de blanchir, elles devenaient comme des nuages dans un paysage de montagne recouvert de neige ouatée.

Pierre avait rarement aussi bien dormi.

Et toi? Si tu n'es pas encore endormi, je vais te révéler un dernier truc. Ce qu'a expliqué le démon des maths ne marche pas seulement avec les nombres pairs, mais aussi avec les nombres impairs. Choisis celui que tu veux. Il faut seulement qu'il soit plus grand que 5. Disons 55, ou 27.

Ceux-là aussi, tu peux les obtenir grâce aux nombres épatants. Simplement, il ne t'en faut pas deux, mais trois. Par exemple, si nous prenons 55:

$$55 = 5 + 19 + 31$$

Essaie avec 27. Tu verras, ça marche TOUJOURS, même si je suis incapable de te dire pourquoi.

LA QUATRIÈME NUIT

– Hou là là! Où est-ce que tu m'entraînes! Une fois c'est dans une caverne sans issue, une autre fois j'atterris dans une forêt de un où poussent des champignons gros comme des fauteuils... Et aujourd'hui? Je suis où, au juste?

– Près de la mer. Tu le vois bien.

Pierre regarda autour de lui.

Aussi loin que portait sa vue, on voyait du sable blond, et derrière la barque renversée sur laquelle était assis le démon des maths se brisait le ressac de la mer. L'endroit était plutôt abandonné!

– Et tu as encore oublié ta calculette!

– Écoute, lui répondit Pierre. Combien de fois dois-je te le redire? Quand je m'endors, je ne vais tout de même pas embarquer tout mon fourbi! Tu sais peut-être à l'avance, toi, de quoi tu vas rêver?

– Évidemment que non, répondit le démon. Mais si tu rêves de moi, ce serait aussi bien que tu rêves en même temps de ta calculette... Mais non! Il faut que j'apporte tout sur un plateau à coups de baguette magique ! Et en plus, je vais entendre parler d'une calculette trop molle à ton goût, ou trop verte, ou trop pâteuse !

– Cela vaut mieux que rien du tout, admit Pierre.

Le démon des maths leva sa petite canne, et Pierre vit surgir devant ses yeux une nouvelle calculatrice. Elle avait l'air moins « grenouille verte » que la précédente, mais elle était d'une taille gigantesque : c'était un meuble recouvert d'une sorte de fourrure, aussi long qu'un lit ou qu'un sofa. Sur le côté était fixée une petite planche avec de nombreuses touches en fourrure, et l'écran lumineux sur lequel on pouvait lire les nombres avait la forme d'un immense dossier.

– Bon, tape 1 divisé par 3, ordonna le démon des maths.

$$1 : 3$$

dit Pierre, et il appuya sur les touches.

Dans la petite fenêtre interminablement longue apparut la solution, écrite en vert clair :

$$0,3333333333333333$$

– Ça ne finit donc jamais ? demanda Pierre.

– Si, répondit le démon des maths. Ça finit là où la calculatrice s'arrête.

– Et ensuite ?

– Ensuite, ça continue. Simplement, tu n'arrives plus à lire.

– Mais c'est toujours la même chose qui sort, un 3 après l'autre ! C'est comme un toboggan sans fin !

– Là, tu as raison !

– Bouh ! grogna Pierre. C'est trop bête ! Je préfère écrire un tiers, tout simplement. Voilà :

$$\frac{1}{3}$$

Là, je suis tranquille.

– Je veux bien, dit le démon. Mais, dans ce cas, il faut que tu calcules des fractions, et calculer des fractions, cela te fait horreur pour autant que je sache. « Si $^1/_3$ de 33 boulangers cuisent en 2 heures $^1/_2$ 89 bretzels, combien 5 boulangers $^3/_4$ vont-ils cuire de bretzels en 1 heure $^1/_2$? »

– Pas ça, je t'en supplie ! C'est trop compliqué pour moi. Si c'est comme ça, je préfère la calculatrice et les nombres décimaux, même s'ils ne s'arrêtent pas. Je voudrais juste comprendre d'où viennent ces trois qui n'en finissent pas.

– Voici comment cela se passe : le premier trois après la virgule, c'est trois dixièmes. Ensuite vient le deuxième trois : trois centièmes, le troisième désigne trois millièmes, et ainsi de suite. Tu peux ensuite les additionner.

$$0,3$$
$$0,03$$
$$0,003$$
$$0,0003$$
$$0,00003$$

. . .

Compris ? Oui ? Alors essaie de multiplier l'ensemble par trois, d'abord le premier trois, donc les trois dixièmes, ensuite les trois centièmes, puis les trois millièmes, etc.

– Pas de problème, dit Pierre. Je peux même le calculer de tête :

$$0,3 \times 3 = 0,9$$
$$0,03 \times 3 = 0,09$$
$$0,003 \times 3 = 0,009$$
$$0,0003 \times 3 = 0,0009$$

Bon, et ainsi de suite.

– Bien. Et si maintenant tu additionnes tous les neuf, que se passe-t-il ?

– Attends ! 0,9 plus 0,09, cela fait 0,99 ; plus 0,009, cela fait 0,999. Il y a toujours plus de neuf. Ça a l'air de continuer une fois de plus à l'infini.

– Certes. Seulement, si tu réfléchis bien, il y a quelque chose qui ne va pas là-dedans. Si tu additionnes trois tiers, il devrait en résulter 1, non? Car un tiers multiplié par trois, cela donne un nombre entier. Il n'y a rien à ajouter ni à retrancher. Alors?

– Je ne sais pas, dit Pierre. Quelque chose manque quelque part. 0,999, c'est *presque* 1, mais pas tout à fait.

– Voilà justement le problème! Et voilà pourquoi tu dois continuer sans fin avec les neuf et ne jamais t'arrêter.

– Il ne suffit pas de le dire, il faut le faire!

– Pas de problème pour un démon des maths!

Le diable riait méchamment. Il leva sa canne dans les airs, la fit tournoyer, et aussitôt un long, long serpent de neuf qui ne cessait de s'allonger et de monter apparut dans le ciel.

– Arrête! cria Pierre. Ça donne envie de vomir!

– Un claquement de doigts et tout disparaîtra! Mais seulement si tu admets que, si ce serpent de neuf derrière le zéro continue de s'allonger sans fin, il vaudra exactement autant qu'un un.

Pendant qu'il parlait, le serpent grandissait et grandissait. Il assombrit lentement le ciel.

Bien que Pierre fût saisi de vertige, il ne voulait pas céder.

– Jamais ! insista-t-il. Ça m'est égal que tu continues tant que tu voudras avec ton serpent, il manquera toujours quelque chose. Il manque le dernier neuf.

– Il n'y a pas de dernier neuf ! hurla le démon des maths.

Pierre ne tressaillait plus désormais quand le démon se mettait en colère. Il le savait : chaque fois que cela arrivait, c'était qu'un point important était en jeu, une question à laquelle il n'était pas si facile de répondre.

La queue du serpent sans fin s'agitait dangereusement devant le nez de Pierre, et elle s'enroulait si étroitement autour du démon qu'on n'apercevait plus grand-chose de lui.

– Bon, dit Pierre, je me rends. Mais seulement si tu nous délivres de ce serpent.

– Voilà qui est déjà mieux.

Le démon des maths leva péniblement sa canne déjà recouverte de plusieurs couches de neuf, il grommela quelque chose d'incompréhensible – et, d'un coup d'un seul, la terre fut débarrassée du reptile.

– Ouf ! s'exclama Pierre. Ce sont donc uniquement les trois et les neuf qui sont en cause ? Ou bien les autres nombres forment aussi des serpents répugnants ?

– Il y a autant de serpents infinis que de sable au bord de la mer, mon cher. Essaie de trouver combien vont surgir entre 0,0 et 1,0 !

Pierre réfléchit intensément. Puis il avança :

– Il y en aura en quantité infinie. En quantité effrayante. En quantité aussi grande qu'entre un et perpète.

– Pas mal ! Très bien même ! approuva le démon. Mais es-tu capable aussi de le prouver ?

– Naturellement !

– Là, tu m'intéresses.

– J'écris tout simplement un zéro et une virgule, dit Pierre. Derrière la virgule, j'écris un 1 : 0,1. Ensuite un 2, et ainsi de suite. Si je continue, tous les nombres qui existent vont tout simplement se retrouver derrière la virgule, avant même que je sois parvenu à 0,2.

– Tous les nombres entiers.

– Oui, tous les nombres entiers. À chaque nombre entre 1 et l'infini, il en existe un avant, avec un zéro et une virgule, et ils sont tous inférieurs à 1.

– Superbe, Pierre ! Je suis fier de toi.

Manifestement, le démon des maths était très content. Mais comme il était incapable de s'arrêter, il émit une nouvelle idée.

– Beaucoup de nombres derrière la virgule ont un comportement très curieux. Tu veux que je te montre ?

– Vas-y. Tant que tu ne remplis pas tout le bord de mer avec ces serpents qui donnent la nausée…

– Oublie-les. Ta calculatrice va encore nous servir. Tu n'as qu'à taper 7 divisé par 11.

Pierre ne se le fit pas dire deux fois.

$$7:11 = 0,63636363636363636\cdots$$

– Mais qu'est-ce qui se passe ? s'exclama-t-il. Toujours 63 et encore 63 et de nouveau 63… Et apparemment, ça continuera toujours comme ça !

– Certainement, mais ce n'est encore rien. Essaie donc avec 6 divisé par 7 !

Pierre tapa :

$$6:7 = 0,857142857142857\cdots$$

– Ce sont toujours les mêmes chiffres qui sortent : 857 142. Ce nombre tourne en rond, on dirait !

– En effet, ce sont des êtres tout à fait fantastiques, les nombres. Tu sais, au fond, il n'existe pas de nombre ordinaire. Chacun a son profil particulier, ses propres secrets. On ne démasque jamais totalement leurs ruses. Par exemple, le serpent avec les neuf après le zéro et la virgule, qui ne finit jamais et qui pourtant compte exactement autant qu'un simple un. En dehors de lui, il y en a quantité d'autres qui ont une conduite encore bien plus imprévisible et qui se livrent, derrière leur virgule, à des jeux complètement délirants. Ce sont les nombres déraisonnables. On les appelle comme ça parce qu'ils ne s'en tiennent pas aux règles du jeu. Si tu en as encore l'envie et le temps, je vais te montrer ce qu'ils font.

Chaque fois que le démon des maths manifestait tant de courtoisie suspecte, c'est qu'il se préparait à sortir quelque nouveauté redoutable. Pierre le savait d'expérience. Mais il était beaucoup trop curieux pour renoncer.

– D'accord, dit-il.

– Tu te rappelles sûrement comment on bondit ? Ce que nous avons fait avec le dix et avec le deux ? 10 x 10 x 10 = 1 000, et pour que cela aille plus vite :

$$10^3 = 1000$$

– Et si je fais bondir le deux, cela donne :

$$2, 4, 8, 16, 32$$

et ainsi de suite, comme toujours avec ton petit jeu, jusqu'à perpète.

– Voilà, dit le démon. 2 puissance 4, cela fait ?

– 16 ! cria Pierre. C'est ce que j'ai dit !

– Impeccable ! Et maintenant, on va faire la même chose, mais à l'envers. On va pour ainsi dire faire un bond en arrière. Je dis 16, et tu bondis une fois en arrière.

– 8 !

– Et si je dis 8 ?

– 4, dit Pierre. Ça coule de source.

– Alors, il ne te reste qu'à noter comment s'appelle cette opération. On ne dit pas bondir en arrière, on dit : extraire une racine, ou un radis. C'est comme quand tu extrais un radis du sol. Donc, le radis de 100, c'est 10, le radis de 10 000, c'est 100. Et quel est le radis de 25 ?

– 25, dit Pierre, c'est 5 x 5. Cinq est donc le radis de 25.

– Si cela continue, Pierre, tu finiras par devenir mon apprenti magicien ! Radis de 4 ?

– Le radis de 4, c'est 2.

– Radis de 5 929 ?

– Ça va pas, la tête ? s'exclama Pierre – maintenant, c'était lui qui s'emportait. Comment je vais calculer ça ? Tu as dis toi-même que le calcul, c'était bon pour les imbéciles ! Déjà qu'on nous torture avec ça à l'école, je n'ai pas besoin, en plus, d'en rêver !

– Du calme, répondit le démon des maths. Pour ces petits problèmes, nous avons, je crois, la calculette...

– Avec la calculette, c'est bon, admit Pierre.
Car ta machine est aussi grande qu'un canapé.

– En tout cas, elle possède une touche où
est écrit ceci :

Tu vois à coup sûr ce que cela signifie.

– Radis ! s'exclama Pierre.

– Juste. Alors essaie :

$$\sqrt{5929} =$$

Pierre essaya, et aussitôt la solution apparut
sur le dossier du canapé :

$$77$$

– Magnifique ! Mais attendons la suite.
Appuie, s'il te plaît, $\sqrt{2}$, mais tiens-toi bien !

Pierre appuya sur la touche et lut :

$$1{,}4142\ 1356237309504880\ 1688724\cdots$$

– C'est l'horreur, murmura-t-il. Ça donne
rien d'intéressant. Quelle salade, ces nombres !
Là, je ne vois plus.

– Mais personne ne voit, mon cher Pierre !
C'est justement ce qui est intéressant. Le radis

de 2 est tout simplement un nombre déraisonnable.

– Et va savoir comment il continue derrière les trois derniers chiffres. Car, évidemment, il continue sans jamais s'arrêter, j'ai bien compris.

– Juste! Mais là, je suis malheureusement incapable de t'aider davantage. Les chiffres suivants, tu ne les sortiras qu'en calculant, jusqu'à ce que ta calculatrice fasse grève!

– C'est dingue, grommela Pierre. Complètement fou. Et en même temps, ce monstre semble si simple quand on l'écrit autrement:

$$\sqrt{2}$$

– Parfaitement simple, en effet. Avec une canne, tu peux écrire sans difficulté $\sqrt{2}$ sur le sable.

Et avec le bout de sa canne il traça des figures dans le sable.

– Regarde:

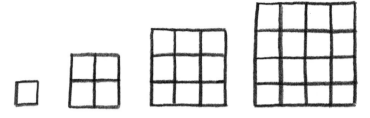

Et maintenant, tu vas compter les cases. Est-ce que tu remarques quelque chose?

– Évidemment. Ce ne sont que des nombres qu'on a fait bondir.

$$1 \times 1 = 1^2 = 1$$
$$2 \times 2 = 2^2 = 4$$
$$3 \times 3 = 3^2 = 9$$
$$4 \times 4 = 4^2 = 16$$

– Tout à fait, dit le démon, et tu vois sûrement aussi comment cela fonctionne. Tu n'as qu'à compter combien de cases se trouvent de chaque côté d'un carré, et tu obtiens aussitôt le nombre avec lequel on va bondir. Et inversement. Si tu sais combien le carré entier contient de cases, disons par exemple 32 ; si tu extrais le radis de ce nombre, tu reviens au nombre de cases situées sur un des côtés du carré :

$$\sqrt{1} = 1, \ \sqrt{4} = 2, \ \sqrt{9} = 3, \ \sqrt{16} = 4$$

– D'accord, dit Pierre. Mais quel rapport avec les nombres déraisonnables ?

– Hum... Les carrés, vois-tu, réservent des surprises. Ne te fie jamais à un carré ! Ils ont l'air sympathique, mais ils peuvent se révéler particulièrement sournois. Par exemple, regarde un peu celui-ci !

Il dessina un carré vide, tout à fait ordinaire, dans le sable. Ensuite il tira une règle

rouge de sa poche et la posa
en diagonale sur le carré :

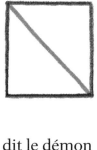

– Et si maintenant chaque
côté a pour longueur un ?
– C'est quoi, un ? Un cen-
timètre, un mètre ou quoi ?
– Mais c'est exactement pareil, dit le démon
des maths avec un mouvement d'impatience. Tu
n'as qu'à choisir l'unité de mesure que tu veux.
Appelle-la un king ou un kong, comme tu veux,
je m'en fiche. Et maintenant je te demande :
quelle est la longueur de la règle rouge ?
– Comment est-ce que je le saurais ?
– Radis de 2 ! s'écria le démon, triomphant.
Il ricanait diaboliquement.
– Comment ça ?
Une fois de plus, Pierre se sentait dépassé
par les événements.
– Ne nous fâchons pas, susurra le démon
des maths. On va voir ça tout de suite. Il suffit
pour commencer d'ajouter un
carré, que nous collons à
l'autre.
Il tira de sa poche
cinq autres règles
rouges et les disposa
sur le sable. La figure
ressemblait maintenant à
ceci :

– Et maintenant, devine quelle est la surface du carré rouge, celui qui est en travers !

– Aucune idée.

– Exactement le double du carré noir. Tu n'as qu'à déplacer la moitié inférieure du carré noir dans l'un des quatre angles du carré rouge, et tu verras pourquoi.

« Ça ressemble à un jeu auquel on jouait quand on était petit, songea Pierre. On plie un papier qu'on a colorié en noir et en rouge. Les couleurs désignent le ciel et l'enfer. Celui qui ouvre le carré et qui tombe sur la couleur rouge va en enfer. »

– Tu admets que le carré rouge représente le double du noir ?

– Je l'admets.

– Bien. Dès lors que le carré noir fait un king – et nous étions d'accord pour l'écrire ainsi : 1^2, quelle sera nécessairement la taille du carré rouge ?

– 2 fois 1^2, dit Pierre.

– Mais oui ! Et quelle va être la longueur des côtés du carré rouge ? Il faut bondir en arrière ! Extraire le radis !

– D'accord, d'accord, d'accord !

C'était comme si un voile obscur venait de se déchirer.

– Le radis ! s'exclama-t-il. Le radis de 2 !

– Et nous voilà revenus à notre nombre fou, notre nombre déraisonnable : 1,414 213...

– Oh ! je t'en prie, arrête ! l'interrompit Pierre, sinon je vais devenir fou, moi aussi !

– C'est beaucoup moins grave que tu ne crois, le rassura le démon des maths. En réalité, tu n'as pas besoin de calculer ce nombre. Tu peux le dessiner dans le sable, tout simplement. Tu aboutiras au même résultat. Seulement, ne crois pas que ces nombres déraisonnables sont rares. Au contraire. Entre nous soit dit, ils sont même plus nombreux que les autres.

– Je croyais que des nombres ordinaires, il y en avait déjà en nombre infini ? C'est même toi qui me l'as appris ! Tu n'as pas arrêté de le dire !

– Et en plus, c'est vrai, parole d'honneur. Mais, comme je viens de te le dire, il y a encore beaucoup, beaucoup plus de nombres déraisonnables !

– Plus que quoi ? Plus qu'à l'infini ?

– Exactement.

– Là, tu pousses un peu, protesta Pierre d'un ton décidé. Plus qu'à l'infini, ça n'existe pas ! Tu disjonctes complètement !

– Veux-tu que je te fasse la démonstration ? Est-ce que tu veux que ma baguette magique te les mette sous le nez, tous les nombres déraisonnables ?

– Surtout pas ! Tes neuf transformés en serpent, ça m'a suffi. Et d'ailleurs, si tu les crées d'un coup de baguette magique, tu ne démontres rien.

– Sacré nom d'un chien ! C'est exact ! Tu m'as bien eu !

Le démon des maths n'avait pas l'air de se mettre en colère cette fois-ci. Son front se plissa et il sembla réfléchir intensément.

– Quoique…, murmura-t-il enfin, je vais peut-être y arriver, à te le prouver. J'ai envie d'essayer, mais seulement si tu y tiens.

– Non merci, j'en ai assez vu pour aujourd'hui. Je suis mort de fatigue. Pour une fois, il faudrait que je puisse passer une bonne nuit, sinon j'aurai encore des ennuis demain à l'école. Je crois que je vais faire une petite pause, si ça ne te fait rien. Ce meuble-là a l'air très confortable.

Et il s'étendit sur la fourrure qui recouvrait la calculatrice aussi grande qu'un canapé.

– Si tu veux, dit le démon des maths. De toute façon, tu dors déjà, et c'est toujours pendant le sommeil qu'on apprend le mieux.

Il s'éloigna sur la pointe des pieds pour ne pas réveiller Pierre. « Il est peut-être moins terrible qu'il en a l'air, pensa alors le garçon. Au fond, il est même très gentil. »

Et c'est ainsi qu'il dormit à poings fermés, sans être dérangé par le moindre rêve, jusque tard dans la matinée. Il avait complètement oublié qu'on était dimanche, et le dimanche, n'est-ce pas, il n'y a pas école...

LA CINQUIÈME NUIT

Subitement, tout fut terminé. Pierre attendit en vain son visiteur du royaume des mathématiques. Il allait au lit comme tous les soirs et faisait la plupart du temps des rêves, mais il ne rêva pas de calculatrices grosses comme des canapés et de nombres qui bondissaient. Il avait plutôt affaire à des trous noirs dans lesquels il s'enfonçait, ou alors il se trouvait dans un débarras plein de vieilles valises d'où sortaient des fourmis plus grosses que nature. La porte était fermée à clef, impossible de sortir, et les fourmis se mettaient à grimper le long de ses jambes. Une autre fois, il voulut traverser un fleuve impétueux, mais il n'y avait pas de pont, et il dut sauter de pierre en pierre. Il atteignait l'autre rive quand, soudain, il se trouva coincé au milieu de l'eau, debout sur une pierre, sans pouvoir avancer ni reculer. Rien que des cauchemars et, où qu'il se tourne, pas de démon des maths en vue.

« Dans la réalité, on peut toujours décider soi-même de ce à quoi on a envie de penser, ruminait Pierre. Mais dans les rêves, on est obligé de prendre les choses comme elles viennent. Je me demande bien comment ça se fait. »

– Tu sais, dit-il un soir à sa mère, j'ai pris une résolution. À partir d'aujourd'hui, j'arrête de rêver.

– C'est très bien, mon chéri, répondit-elle. Chaque fois que tu dors mal, tu n'es plus attentif en classe, et après tu reviens avec de mauvaises notes à la maison.

Naturellement, ce n'est pas cela qui gênait le plus Pierre. Mais il se contenta de lui répondre « bonne nuit », car il savait qu'on ne peut pas tout expliquer à une mère.

Cependant, à peine était-il endormi que c'était reparti. Il marchait dans un immense désert où il n'y avait ni ombre ni eau. Il portait simplement un caleçon, il courait, il courait, il avait soif, il transpirait, il avait déjà plein d'ampoules aux pieds – et enfin il aperçut au loin quelques arbres.

« Ce doit être un mirage, se dit-il, ou une oasis. » Il se traîna jusqu'au premier palmier. Il entendit une voix dont il connaissait bien le son.

– Salut, Pierre !

Il leva la tête. Mais oui ! Le démon des maths était assis au sommet d'un palmier qui ondulait au gré du vent.

– J'ai une soif épouvantable, se plaignit Pierre.

– Eh bien, monte !

Rassemblant toute son énergie, Pierre grimpa en haut du palmier pour rejoindre son ami. Celui-ci tenait dans ses mains une noix de coco ; il tira un couteau de sa poche et creusa un trou dans la coque.

Le lait de la noix de coco avait un goût délicieux.

– Ça fait un moment qu'on ne s'est pas vu, dit Pierre. Où étais-tu donc passé pendant tout ce temps ?

– Tu vois bien que je suis en vacances.

– Et qu'est-ce qu'on va faire aujourd'hui ?

– Je crois que tu es exténué par ta marche dans le désert.

– N'exagérons pas, répondit Pierre. Je vais déjà nettement mieux. Alors ? Tu n'as plus d'idées ?

– Pas du tout ! répliqua le démon des maths.

– Des nombres, encore des nombres, toujours des nombres !

– Et alors ? Il n'y a rien de plus excitant. Tiens, prends donc ça !

Il tendit une noix de coco vide à Pierre.

– Jette-la par terre !

– Où ça ?

– Jette-la, je te dis.

Pierre jeta la noix de coco, qui atterrit sur le sable. D'en haut, elle ressemblait à un petit point.

– Encore une. Et puis encore une. Et ensuite encore une, ordonna le démon des maths.

– Pour quoi faire ?

– Tu verras bien.

Pierre cueillit trois noix de coco toutes fraîches et les jeta sur le sol. Et voici ce qu'il aperçut dans le sable :

– Continue, cria le démon !

Pierre en jeta encore, il en jeta tant et plus.

– Qu'est-ce que tu vois maintenant ?

– Des triangles, dit Pierre.

– Tu veux un coup de main ? demanda le démon.

Il cueillirent et jetèrent, cueillirent et jetèrent... jusqu'à ce que le sol soit jonché de triangles ressemblant à ceux-ci :

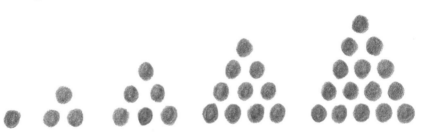

– C'est curieux que les noix de coco tombent en forme de triangles.

Pierre était pour le moins étonné.

– Je n'ai même pas visé! Même si j'avais voulu, je suis incapable de lancer aussi bien!

– Évidemment, dit le démon des maths en souriant, c'est uniquement dans les rêves et en mathématiques qu'on arrive à viser avec une telle précision. Dans la vie courante, rien ne marche; dans les mathématiques, au contraire, tout fonctionne parfaitement. D'ailleurs, ça aurait marché aussi bien sans noix de coco. Des balles de tennis auraient fait l'affaire, ou des boutons, ou des œufs de Pâques. Mais, pour l'instant, compte pour savoir combien il y a de noix de coco dans les triangles.

– Le premier triangle, c'est un point!

– Ou un triangle de plus en plus réduit, corrigea le démon des maths, jusqu'à devenir si minuscule qu'on ne voit plus qu'un point. Et alors?

– Alors nous sommes revenus au un, dit Pierre. Le deuxième triangle est fait de trois points, le troisième de six, le quatrième de dix et le cinquième... attends, laisse-moi compter.

– Pas besoin. Tu peux le déduire tout simplement.

– Non, je ne peux pas.

– Mais si, tu peux, insista le démon des

92

maths. Le premier triangle, qui n'en est pas vraiment un, consiste en une seule noix de coco. Le deuxième comporte deux noix de plus, à savoir les deux du bas. Donc :

$$1 + 2 = 3$$

Le troisième en a exactement trois de plus – la série du bas, soit :

$$3 + 3 = 6$$

Le quatrième comporte encore une série avec quatre noix en plus, soit :

$$6 + 4 = 10$$

Combien de noix comporte le cinquième triangle ?
Pierre avait compris. Il s'écria :

$$10 + 5 = 15$$

– Pas besoin de continuer à lancer des noix, dit-il. Je sais comment ça marche. Le triangle suivant aura vingt et une noix : les quinze du triangle numéro cinq plus six nouvelles égalent vingt et une noix !

– Bien, approuva le démon des maths. Nous pouvons descendre et nous mettre à l'aise.

La descente de l'arbre se révéla incroyablement facile et, arrivé en bas, Pierre n'en crut pas ses yeux. Deux chaises longues avec des rayures bleues les attendaient, une fontaine faisait entendre son murmure, et sur une petite table disposée le long d'une impressionnante piscine, il y avait deux verres remplis de jus d'orange avec des glaçons. « Pas étonnant qu'il ait choisi cette oasis, songea Pierre. C'est l'endroit rêvé pour passer des vacances ! »

Après qu'ils eurent tous les deux vidé leur verre, le démon reprit :

– Bon, on peut oublier les noix de coco. L'important, ce sont les nombres. Et là, ils sont particulièrement sympathiques. On les appelle triangulaires et il y en a plus que tu ne crois.

– Je m'en doutais, répliqua Pierre. Avec toi, tout finit toujours à perpète.

– Oui, mais pour l'instant, les dix premiers nombres triangulaires vont faire l'affaire. Attends, je vais te les écrire.

Il se leva de sa chaise longue, saisit sa canne, se pencha vers la piscine et se mit à écrire sur l'eau :

1 3 6 10 15 21 28 36 45 55 . . .

« Vraiment, ce type ne recule devant rien, se dit Pierre. Ciel ou sable, il barbouille tout avec ses nombres. Même l'eau ! »

– Tu ne croiras pas tout ce qu'on peut faire avec ces nombres triangulaires, lui susurra le démon à l'oreille. Simplement, à titre d'exemple, réfléchis un peu à la différence !

– La différence entre quoi et quoi ? demanda Pierre.

– La différence entre deux nombres triangulaires qui sont voisins.

Pierre examina les nombres qui flottaient sur l'eau et réfléchit.

1 3 6 10 15 21 28 36 45 55 . . .

– Trois moins un égale deux. Six moins trois égale trois. Dix moins six égale quatre. Ce sont tous les nombres de un à dix qui vont sortir l'un après l'autre. Formidable ! Et ça va continuer ?

– Eh oui ! répondit le démon des maths.

95

Content de lui, il se laissa aller en arrière sur sa chaise.

– Mais ne crois pas que ce soit tout ! Tu vas maintenant me donner un nombre, n'importe lequel, et je vais te démontrer que je peux le composer à partir d'au maximum trois nombres triangulaires.

– O. K., dit Pierre. 51 !

– Facile. Je n'ai même besoin que de deux nombres pour le fabriquer :

$$51 = 15 + 36$$

– 83 !

– Avec plaisir :

$$83 = 10 + 28 + 45$$

– 12 !

– Élémentaire :

$$12 = 1 + 1 + 10$$

Tu vois, ça marche TOUJOURS. Et maintenant, tu vas voir encore autre chose, un véritable prodige, mon cher Pierre. Additionne deux nombres triangulaires voisins et tu vas assister à un pur miracle.

Pierre examina attentivement les nombres qui flottaient sur l'eau :

$$1 \quad 3 \quad 6 \quad 10 \quad 15 \quad 21 \quad 28 \quad 36 \quad 45 \quad 55 \ldots$$

Il les additionna chacun avec le suivant :

$$1 + 3 = 4$$
$$3 + 6 = 9$$
$$6 + 10 = 16$$
$$10 + 15 = 25$$

– Mais ce ne sont que des chiffres qu'on a fait bondir : 2^2, 3^2, 4^2, 5^2 !

– Pas mal, hein ? jubilait le démon des maths. Tu peux continuer ce petit jeu autant que tu veux.

– Maintenant ? Je préférerais aller me baigner.

– D'abord, si tu veux bien, je vais te montrer un autre tour.

– Je commence à avoir chaud, renâcla Pierre.

– Comme tu veux. On renonce à cet exercice. Et je peux m'en aller, dit le démon des maths.

« Ça y est, il est vexé, se dit Pierre. Si je le laisse partir, je vais probablement rêver de fourmis rouges ou de quelque chose de ce genre. » Il s'efforça donc de le retenir :

– Allez, reste ici.

– Tu es curieux ?

– Bien sûr que je suis curieux.

– Alors attention ! Si tu additionnes tous les nombres courants de un à douze, quel est le résultat ?

– Oh là là ! s'exclama Pierre. Quelle barbe, un exercice pareil ! Ça ne te ressemble pas ! Il est digne de M. Bouquet !

– Ne t'en fais donc pas. Avec les nombres triangulaires, cela va être d'une facilité déconcertante. Tu prends tout simplement le douzième d'entre eux, et tu as la somme de tous les nombres de un à douze.

Pierre regarda la surface de l'eau et compta :

1 3 6 10 15 21 28 36 45 55 66 78 . . .

– Soixante-dix-huit, dit-il.

– Exact !

– Mais comment ça se fait ?

Le démon des maths prit sa canne et écrivit sur l'eau :

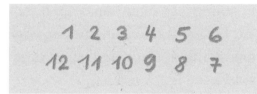

– Il te suffit d'écrire les nombres de un à douze les uns sous les autres, les six premiers de gauche à droite, et les six suivants de droite à gauche. Alors, tu vois pourquoi :

Tu tires maintenant un trait en dessous.

Puis tu additionnes.

Et cela donne ?

– Six fois treize, dit Pierre.

– Et là, tu n'as pas besoin de calculatrice, j'espère !

– Six fois treize, dit Pierre, ça fait soixante-dix-huit. Le douzième nombre triangulaire. Ça tombe juste !

– Tu vois toute l'utilité des nombres triangulaires. D'ailleurs, les quadrangulaires ne sont pas mal non plus.

– Je croyais qu'on allait se baigner ?

– On ira se baigner plus tard. D'abord, les nombres quadrangulaires !

99

Pierre soupira en jetant un coup d'œil sur la piscine, où les nombres triangulaires voguaient en bon ordre à la surface de l'eau, comme des canetons derrière leur mère.

– Si tu continues, dit-il, je vais finir par me réveiller et tous tes nombres seront partis.

– Oui, mais la piscine aussi, ricana le démon. De toute façon, tu sais très bien qu'on ne peut pas arrêter de rêver comme on veut. Et d'ailleurs, qui est le chef ici ? Toi ou moi ?

« Le voilà qui recommence à s'énerver, se dit Pierre. Il va peut-être aussi se remettre à hurler. Seulement en rêve, bien sûr, mais pas question qu'il me crie après ! Le diable seul sait ce qu'il a encore inventé ! »

Le démon des maths prit des glaçons dans son verre et les posa sur la table.

– Ce n'est pas si difficile que ça, tout de même, dit-il pour consoler Pierre. On fait exactement comme avec les noix de coco. Simplement, cette fois, ce ne sont pas des triangles, mais des carrés.

– Te fatigue pas, dit Pierre. Même un aveugle comprendrait le problème. Ce sont des deux qu'on a fait bondir. Je compte combien il y a de dés sur le côté de chaque carré, et je fais bondir le nombre :

$$1 \times 1 = 1^2 = 1$$
$$2 \times 2 = 2^2 = 4$$
$$3 \times 3 = 3^2 = 9$$
$$4 \times 4 = 4^2 = 16$$
$$5 \times 5 = 5^2 = 25$$

Voilà, et ainsi de suite, comme avant.

– Très bien, acquiesça le démon des maths. Diaboliquement bien. Tu es un apprenti magicien de première classe, mon cher, il faut le dire.

– Mais moi, je voudrais me baigner, ronchonna Pierre.

– Tu aimerais peut-être comprendre maintenant comment fonctionnent les nombres pentagonaux ? Ou les hexagonaux ?

– Non merci, sans façon, dit Pierre.

Il se leva et plongea dans l'eau.

– Mais attends ! cria le démon des maths. La piscine est remplie de nombres. Attends un peu, je vais les repêcher.

Mais Pierre nageait déjà, et les nombres – uniquement des nombres triangulaires – dan-

saient autour de lui sur les vaguelettes. Il nagea
jusqu'à ce qu'il ne puisse plus entendre ce que
le démon hurlait derrière lui, toujours plus loin,
plus loin. C'était une piscine infiniment grande,
infinie comme les nombres et tout aussi étonnante qu'eux.

*Si tu n'as pas trop chaud, tu peux encore
jouer un peu avec les glaçons avant qu'ils
aient fondu. Tu n'as
qu'à tirer quelques
lignes à l'intérieur du
carré, par exemple
comme ceci :*

et tu écris en dessous : 1 3 5 7 9
*C'est le nombre de glaçons qu'il y a dans cha-
cun des angles tracés. Si tu additionnes
ensuite les nombres de 1 à 9, quel va être le
résultat ? Un nombre qui a un petit air fami-
lier, n'est-ce pas !*

LA SIXIÈME NUIT

– Tu penses sans doute que je suis le seul,
dit le démon des maths, quand il se manifesta
la fois suivante.

Il était assis sur une chaise pliante au
beau milieu d'un champ de pommes de terre
qui s'étendait à l'infini.

– Le seul quoi ? demanda Pierre.

– Le seul démon des maths. Mais c'est
faux. Je suis un parmi des milliers. Au paradis
des nombres, d'où je viens, nous sommes des
quantités et des quantités. Malheureusement,
je ne suis pas le plus grand. Nos chefs restent
assis dans leurs palais à réfléchir. De temps à
autre, on entend l'un d'eux rire et marmonner
quelque chose : « R égale h factorielle n fois f
de n ouvrez la parenthèse a plus θ fermez
la parenthèse. » Et alors les autres approuvent
en manifestant leur compréhension et en riant
avec lui. Parfois, je ne saisis pas du tout de
quoi il est question.

– Mais pour un pauvre diable comme toi,

tu es plutôt doué ! lui lança Pierre. Tu voudrais peut-être que je te plaigne ?

– Tu sais pourquoi ils m'envoient vadrouiller la nuit ? Parce que les autorités ont mieux à faire que de rendre visite aux novices tels que toi, mon cher Pierre.

– Alors je peux dire que j'ai de la chance de t'avoir pour occuper mes rêves !

– Ne me comprends pas de travers, dit l'ami de Pierre – avec le temps, ils étaient en effet presque devenus de vieux amis. Ce que les chefs au-dessus de nous concoctent n'est sûrement pas inintéressant. Un que j'aime particulièrement, c'est Bonatchi. Il m'explique de temps en temps tout ce qu'il a pu découvrir. Un Italien... Il est malheureusement mort depuis des lustres, mais cela n'a aucune importance pour un démon des maths. Un type sympathique, le vieux Bonatchi. Du reste, il a été l'un des premiers à comprendre le rôle du zéro. Il ne l'a certes pas découvert, mais il en a eu l'intuition à partir de ses nombres, les nombres de Bonatchi. Formidable ! Comme la plupart des bonnes idées, sa découverte commence par le un – dont tu connais déjà l'importance. Plus exactement, il a commencé avec deux un : 1 + 1 = 2.

Il prend ensuite les deux derniers chiffres et les additionne :

Donc…
et ensuite…
de nouveau
les deux derniers…
et ainsi de suite.

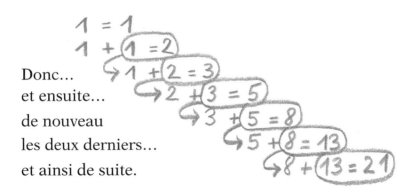

– Jusqu'à perpète.

– Évidemment.

Et le démon des maths se mit à débiter d'une voix monocorde les nombres de Bonatchi, et pour tout dire, assis sur sa chaise pliante, on aurait dit qu'il chantonnait. C'était l'opéra de Bonatchi à l'état pur :

– Unundeuxtroiscinqhuittreizevingtetuntrentequatrecinquantecinqquatrevingtneufcentquarantequatredeuxcenttrentetroistroiscentsoixantedixsept…

Pierre se boucha les oreilles.

– D'accord, je m'arrête, dit le diable. Il vaut peut-être mieux que je te les écrive pour que tu puisses les garder en tête…

– Écrire sur quoi ?

– Sur ce que tu veux. Peut-être sur un rouleau.

Il dévissa le bout de sa canne et en retira un mince rouleau de papier. Il le jeta sur le sol et lui donna un coup de canne. Inconcevable, la taille du papier contenu dans cette canne! Un serpentin sans fin ne cessait d'en sortir jusqu'à ce que son extrémité disparaisse dans le lointain. Et, naturellement, sur le rouleau était écrite toute la suite des nombres de Bonatchi, avec leur ordre d'apparition :

1.	2.	3.	4.	5.	6.	7.	8.	9.	10.	11.	12.	13
1	1	2	3	5	8	13	21	34	55	89	144	233

À partir de là, les nombres s'éloignèrent à tel point et devinrent si petits que Pierre fut incapable de les lire.

– Bon, et maintenant?

– Si tu additionnes les cinq premiers chiffres en ajoutant un, tu obtiens le septième. Si tu additionnes les six premiers nombres et que tu en ajoutes un, c'est le huitième qui sort. Et ainsi de suite.

– Ah bon! dit Pierre.

Il n'avait pas l'air particulièrement enthousiaste.

– Ça fonctionne aussi si tu sautes toujours un nombre de Bonatchi : seul le premier ne doit jamais être omis.

Regarde :

$$1 + 1 = 2$$

(et maintenant tu en sautes un) $\qquad + 3$

(et maintenant tu en sautes
de nouveau un) $\qquad + 8$

(et maintenant tu en sautes
encore un) $\qquad + 21$

Tu additionnes les quatre nombres et tu trouves quoi ?

– Trente-quatre, dit Pierre.

– Donc, le nombre de Bonatchi qui vient après 21. Si cela te paraît demander trop d'efforts, eh bien, ça marche aussi en les faisant bondir. Par exemple, tu prends le nombre de Bonatchi numéro quatre. Le quatrième, c'est 3, et 3^2, c'est ?

– Neuf, répondit Pierre.

– Ensuite, tu prends le nombre de Bonatchi suivant, donc le cinquième, et tu le fais bondir à son tour.

– $5^2 = 25$, dit Pierre sans hésiter.

– Bien, et maintenant tu additionnes les deux :

$$9 + 25 = 34$$

– Encore un Bonatchi ! s'écria Pierre.

– Et en l'occurrence, parce que 4 + 5 = 9,

nous avons le neuvième, dit le vieux démon en se frottant les mains.

– Je comprends, c'est génial ; mais dis-moi, à quoi cela peut bien servir ?

– Oh, ne crois surtout pas que les mathématiques sont avant tout destinées aux mathématiciens. La nature elle-même ne laisse pas les nombres de côté. Même les arbres et les huîtres savent compter.

– Débile ! dit Pierre. Tu ne me feras pas gober cette blague, c'est gros comme un éléphant !

– Même les éléphants, je suppose. Tous les animaux. Du moins, ils se comportent comme s'ils avaient en tête les nombres de Bonatchi. Peut-être ont-ils des notions sur le fonctionnement des nombres ?

– Je ne te crois pas.

– Ou les lapins. Prenons plutôt les lapins, ils sont plus vifs que les éléphants. Dans ce champ de patates, il doit bien y avoir des lapins.

– Je n'en vois pas.

– En voici deux.

En effet, sitôt dit sitôt fait, deux tout petits lapins blancs arrivèrent en sautillant et s'assirent aux pieds de Pierre.

– J'ai l'impression, dit le vieux, qu'il s'agit d'un mâle et d'une femelle. Nous avons donc *un* couple. Comme tu sais, tout démarre par le un.

– Il veut me faire croire que vous savez calculer, dit Pierre aux deux lapins. Là, il exagère ! Je n'en crois pas un mot.

– Dis donc, Pierre, qu'est-ce que tu sais au sujet des lapins ? répondirent en chœur les deux lapins assis devant lui. Tu n'en as aucune idée ! Tu te figures peut-être que nous sommes des lapins des neiges ?

– Des lapins des neiges ? s'empressa de répéter Pierre, qui voulait montrer qu'il n'était pas si ignorant que cela. Il n'y en a qu'en hiver...

– Justement. Nous, nous ne sommes blancs que lorsque nous sommes jeunes. Pour que nous soyons adultes, il faut attendre un mois. Ensuite notre pelage s'assombrit, et nous voulons avoir des enfants. Pour qu'ils naissent, une fille et un garçon, il faut encore un mois. Note bien ça !

– Vous ne voulez en avoir que deux ? demanda Pierre. J'ai toujours cru que les lapins faisaient des petits en quantité industrielle.

– Bien sûr que nous avons des enfants en quantité, dirent les lapins, mais pas d'un coup. Deux par mois, ça suffit. Et nos enfants feront exactement pareil, comme tu vas t'en apercevoir.

– Ça m'étonnerait que nous restions ici jusque-là ; je serai réveillé depuis longtemps. J'ai classe, moi, demain matin.

– Pas de problème, s'interposa le démon des maths. Ici, dans ce champ, le temps passe beaucoup plus vite que tu ne l'imagines. Un mois dure cinq minutes. Tu vas voir, j'ai apporté une montre à lapins. Un instant !

À ces mots, il tira de sa poche une montre d'une taille respectable. Elle avait deux oreilles de lapin, mais seulement une aiguille.

– À part ça, elle n'indique pas les heures, mais les mois. Chaque fois qu'un mois est écoulé, le réveil sonne. Quand j'appuie sur le bouton en haut, elle se met en marche. J'y vais ?

– Oui ! crièrent les lapins en chœur.

– Bien.

Le démon des maths appuya sur le bouton, la montre se mit à faire tic tac, l'aiguille commença à se déplacer. Quand elle arriva au un, la sonnerie se déclencha. Un mois s'était écoulé, les lapins avaient considérablement grandi, et déjà leur pelage avait changé de couleur – il n'était plus blanc, il était devenu brun !

Lorsque l'aiguille arriva au deux, deux mois s'étaient écoulés, et la lapine mit au monde deux tout petits lapins blancs.

Il y avait maintenant deux paires de lapins, les vieux et les jeunes. Mais ils étaient loin d'être satisfaits. Ils voulaient encore d'autres d'enfants, et quand l'aiguille eut atteint le trois, la sonnerie retentit et la vieille lapine mit au monde les deux lapins suivants.

Pierre compta les couples de lapins. Il y en avait maintenant trois : à savoir le tout premier couple (brun), les enfants de la première portée, qui entre-temps avaient eux aussi grandi (et étaient devenus bruns), et les plus jeunes avec leur pelage tout blanc.

L'aiguille arriva alors au quatre, et il se passa la chose suivante : la vieille lapine mit au monde une nouvelle paire de lapins, ses enfants de la toute première portée firent de même, ses enfants de la seconde portée ne s'étaient pas endormis non plus, et maintenant il y avait cinq couples de lapins qui s'ébattaient dans le champ : un couple de parents, trois couples d'enfants et un couple de petits-enfants. Trois paires étaient de couleur brune, et deux étaient blanches.

– À ta place, dit le démon des maths, je n'essaierais plus de reconnaître toutes ces paires. Tu as déjà assez à faire si tu veux les compter !

Quand l'aiguille atteignit le cinq, Pierre parvenait encore à suivre facilement. Il y avait maintenant huit couples de lapins. Quand l'hor-

loge sonna pour la sixième fois, il y avait déjà treize couples. « Un pullulement incroyable, pensa Pierre, où est-ce que ça va s'arrêter ? »

Cependant, même à la septième sonnerie, il parvint encore à bout du décompte : il y avait exactement 21 paires de lapins.

– Tu as remarqué quelque chose, Pierre ? demanda le démon des maths.

– Évidemment, répliqua Pierre. Ce sont tous des nombres de Bonatchi :

$$1, 1, 2, 3, 5, 8, 13, 21 \ldots$$

Mais pendant qu'il disait ces mots, des quantités de lapins blancs étaient nés. Ils s'ajoutaient à tous ceux, bruns et blancs, qui gambadaient dans le champ. Pierre ne réussissait plus à les embrasser du regard ni à les compter. La montre à lapins continuait sa marche inexorable. L'aiguille avait depuis longtemps entamé son deuxième tour de cadran.

– Au secours ! cria Pierre. C'est sans fin. Des milliers de lapins ! Horreur !

– Pour que tu voies comment cela fonctionne, je t'ai apporté une liste à lapins. Tu pourras y lire ce qui s'est passé entre zéro et sept heures.

– Mais sept heures, c'est passé depuis une éternité ! s'exclama Pierre. Maintenant il y en a déjà, au bas mot, plus de mille !

– Ils sont exactement 4 181, et bientôt, c'est-à-dire dans cinq minutes, ils seront 6 765.

– Tu veux les laisser continuer comme ça jusqu'à ce que la terre entière soit recouverte de lapins ?

– Oh ! Cela ne prendrait pas si longtemps que ça ! répondit le démon des maths placidement. Quelques tours de cadran de plus et ça y est.

– Pitié, non ! le supplia Pierre. C'est un vrai cauchemar ! Tu sais, je n'ai rien contre les lapins, et même, je les aime bien, mais trop c'est trop. Il faut les arrêter !

– Volontiers, Pierre. Mais seulement si tu reconnais que les lapins se comportent exactement comme s'ils avaient appris par cœur les nombres de Bonatchi.

– Bon, d'accord, je le reconnais. Mais dépêche-toi, sinon ils vont bientôt nous étouffer !

Le démon des maths appuya deux fois sur

118

montre à lapins	parents	enfants	petits-enfants	arrière-petits-enfants	paires de Bonatchi
					1
					1
					2
					3
					5
					8
					13
					21

le petit bouton en haut de la montre à lapins, aussitôt elle se mit à marcher en sens inverse. Chaque fois qu'elle sonnait, le nombre de lapins diminuait, et après quelques tours de cadran, l'aiguille était revenue sur le zéro. Deux lapins étaient assis dans le champ de pommes de terre vide.

– Qu'est-ce qu'on fait de ceux-là ? demanda le démon. Tu veux les garder ?

– Je préfère pas. Sinon ils vont recommencer au début.

– Eh oui, c'est ainsi que les choses se passent dans la nature, dit le vieux diable en se balançant, content de lui, sur sa chaise pliante.

– C'est ainsi que les choses se passent avec les nombres de Bonatchi, répliqua Pierre. Avec tes nombres, on va toujours illico à l'infini. Je ne sais pas ce que je dois en penser.

– Comme tu l'as remarqué, ça marche aussi très bien en sens inverse. Nous avons de nouveau atterri là où nous avons commencé, au un.

Et c'est ainsi qu'ils se séparèrent bons amis, sans se soucier de ce qu'allait devenir le dernier couple de lapins. Le démon des maths se rendit auprès de Bonatchi, son vieux compère au paradis des nombres, et auprès des autres qui ne cessaient, là-bas, de faire sortir de leur chapeau de nouvelles diableries, tandis que Pierre continua à dormir sans rêver à rien jusqu'à la sonnerie du réveil. Il fut heureux de constater que c'était un réveil tout à fait ordinaire, et non pas une montre à lapins !

Celui qui ne veut toujours pas croire que, dans la nature aussi, les choses se passent comme si cette dernière savait compter doit examiner de près l'arbre de la page 122. Il se peut que l'histoire des innombrables lapins ait paru trop compliquée à plusieurs d'entre vous. Avec un arbre, il n'y a rien qui s'ébatte dans le désordre ; l'arbre se tient là, immobile, et il est plus facile de compter ses branches. Commence par le bas, s'il te plaît, au trait rouge numéro 1. Il ne passe qu'à travers le tronc, de même pour le trait rouge numéro 2. En montant d'un cran, au trait rouge numéro 3, une branche s'ajoute au tronc. Et maintenant, s'il te plaît, continue à compter. Combien y a-t-il de rameaux tout en haut, au trait rouge numéro 9 ?

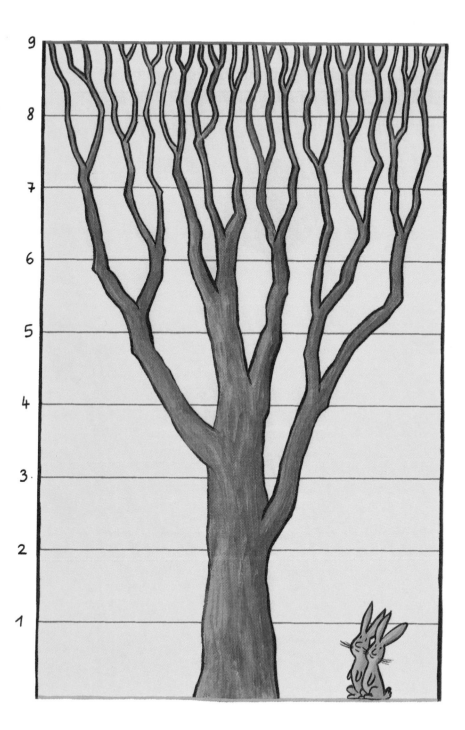

LA SEPTIÈME NUIT

– Je suis inquiète, dit la mère de Pierre. Je ne sais pas du tout ce qui lui arrive. Avant, il était toujours dans la cour ou au jardin public ; il jouait au football avec Arnaud, Christopher, Enzo et les autres. Et maintenant, il reste toute la journée dans sa chambre. Mais au lieu de faire ses devoirs, il a une grande feuille de papier étalée devant lui et il passe tout son temps à dessiner des lapins.

– Tais-toi, dit Pierre. Tu me déranges. J'ai besoin de me concentrer.

– Et en plus, il ne fait que marmonner des nombres, encore des nombres, toujours des nombres ! Ce n'est tout de même pas normal !

Elle radotait ainsi à haute voix comme si Pierre n'était pas dans la chambre.

– Lui qui n'a jamais manifesté le moindre intérêt pour les chiffres ! Au contraire, il n'arrêtait pas de dire du mal de son professeur et il détestait les exercices qu'il lui donnait à faire. Sors donc un peu prendre l'air ! lui cria-t-elle enfin.

Pierre leva son nez de sa feuille et dit :

125

– Tu as raison. Si je continue à compter des lapins, je vais avoir mal à la tête.

Et il partit. Le jardin public était en fait une grande prairie où ne gambadait pas le moindre lapin.

– Hé ho, Pierre ! cria Arnaud en le voyant. Tu joues avec nous ?

Il y avait également Enzo, Gwenaël, Ivan et Karim. Ils jouaient au foot, mais Pierre n'avait pas du tout envie de les rejoindre. « Ces types n'ont aucune idée de la manière dont les arbres grandissent », se dit-il.

Quand il revint à la maison, il était déjà assez tard. Aussitôt après le dîner, il monta se coucher. Prévoyant, il mit un gros feutre dans la poche de son pyjama.

– Depuis quand tu vas au lit si tôt ? s'étonna sa mère. Avant, tu voulais toujours y aller le plus tard possible !

Mais Pierre savait exactement ce qu'il voulait, et il savait aussi pourquoi il n'en parlait pas à sa mère. Elle ne l'aurait pas cru s'il lui avait déclaré que les lapins, les arbres et même les huîtres savaient compter, et qu'il avait pour copain un démon des maths.

À peine fut-il endormi que le démon était là, fidèle au rendez-vous.

– Aujourd'hui, je vais te montrer une chose absolument fantastique.

– Tout ce que tu veux pourvu qu'il n'y ait pas de lapins. Toute la journée ils m'ont trotté dans la tête. Je n'arrête pas de mélanger les blancs et les bruns.

– Oublie-les ! Viens avec moi.

Le démon des maths conduisit Pierre à une maison blanche en forme de cube. À l'intérieur, tout était peint en blanc, même l'escalier et les portes. Ils arrivèrent dans une grande pièce nue, blanche comme neige.

– Pas moyen de s'asseoir ici, se plaignit Pierre. Et qu'est-ce que c'est que ces pavés ?

Il se dirigea vers le gros tas de pavés amassés dans un coin, et examina les pierres de plus près.

– On dirait du verre ou du plastique, constata-t-il. À l'intérieur, on voit quelque chose qui scintille. Sans doute des fils électriques ou quelque chose de ce genre.

– C'est de l'électronique, dit le démon. Si tu en as envie, nous pouvons construire une pyramide.

Il ramassa quelques cubes et les aligna les uns à côté des autres sur le sol blanc.

– Allons-y, Pierre.

Ils continuèrent à assembler les cubes jusqu'à ce que l'alignement ait la forme suivante :

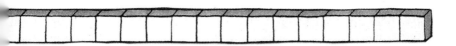

– Stop! cria le démon des maths. Combien de cubes avons-nous jusqu'à présent?

Pierre compta.

– Dix-sept. Mais c'est un nombre bien tordu, dit-il.

– Pas si tordu que tu le penses. Il te suffit d'enlever un 1.

– Ça fait seize. Un chiffre qu'on a fait bondir! Un deux qu'on a fait bondir quatre fois : 2^4.

– Voyez-moi ça! dit le diable. Rien ne t'échappe! Mais continuons à assembler les cubes. La pierre suivante vient toujours se placer sur la jointure entre les deux qui sont en dessous, comme font les maçons.

– O. K., dit Pierre. Mais ce ne sera jamais une pyramide. Les pyramides sont triangulaires ou quadrangulaires en bas, ce machin-là est plat. Il ne deviendra pas une pyramide, mais un triangle.

– Bon, répondit le démon des maths. Eh bien, construisons tout simplement un triangle!

Et ils continuèrent jusqu'à ce que le triangle soit terminé.

– Fini ! s'exclama Pierre.

– Fini ? C'est maintenant que les choses sérieuses commencent !

Le démon des maths grimpa le long d'un des côtés du triangle et écrivit un 1 sur le cube situé au sommet.

– Comme d'habitude, grommela Pierre. Toi et ton un !

– Certainement, rétorqua le démon. Tout commence par le un. Tu le sais bien.

– Mais comment allons-nous continuer ?

– Tu vas tout de suite le savoir. Sur chaque cube, nous écrivons toujours le résultat de l'addition des nombres placés au-dessus.

– Un jeu d'enfant, dit Pierre.

Il sortit son gros feutre de sa poche et écrivit :

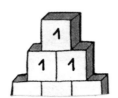

– Rien que des un. Jusque-là, j'y arrive même sans calculatrice.

– Bientôt, ça va augmenter. Continue pour voir ! cria le démon des maths.

Et Pierre écrivit :

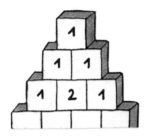

– Enfantin, répéta-t-il.

– Ne sois pas trop téméraire, mon cher. Attends de voir la suite.

Pierre poursuivit ses calculs et écrivit :

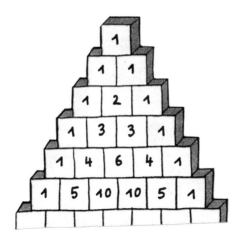

– Je vois déjà que les nombres sur les bords ne sont que des 1, jusqu'en bas. Et ceux qui sont à côté des 1, dans les séries qui descendent en biais, je peux te les écrire : ce sont des nombres tout ce qu'il y a de plus normaux : 1, 2, 3, 4, 5, 6, 7...

– Et la série suivante qui descend en biais, celle qui vient immédiatement à côté de 1, 2, 3,

Il montait et descendait sur le triangle en écrivant :

4, 5, 6, 7...? Lis-moi les quatre premiers nombres.

Le démon des maths arborait de nouveau son petit sourire malin. Pierre lut de gauche à droite, de haut en bas :

– 1, 3, 6, 10... J'ai l'impression d'avoir déjà vu ça.

– Les noix de coco, les noix de coco ! cria le démon.

– Ah, ça me revient : 1, 3, 6, 10 – ce sont les nombres triangulaires.

– Et comment y arrive-t-on, à ces nombres ?

– J'ai malheureusement déjà oublié, dit Pierre.

– Très simple :

$$1 + 2 = 3$$
$$3 + 3 = 6$$
$$6 + 4 = 10$$
$$10 + 5 = 15$$

– ... 15 + 6 = 21, poursuivit Pierre.

– Eh bien, continue !

De la même façon, Pierre écrivit de plus en plus de nombres sur les cubes. En un sens, cela devenait de plus en plus facile, car il n'avait plus besoin de s'étirer pour écrire tout en haut ; mais alors, ces maudits nombres devenaient de plus en plus grands !

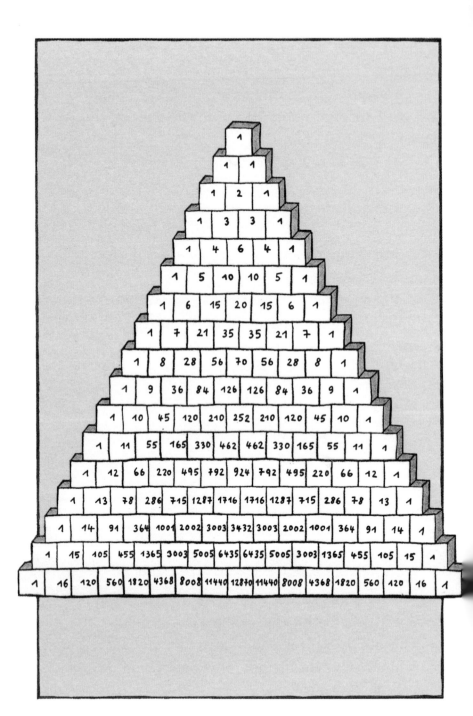

– Ah nooon! dit-il. Tu ne peux pas me demander de les calculer tous de tête.

– Comme tu voudras, consentit le démon des maths. Mais surtout, pas d'énervement! Ce serait bien le diable si je n'arrivais pas à régler tout cela dans la minute!

Et à une vitesse folle, il avait recouvert tout le triangle de nombres.

– Oh! mais c'est magnifique! se réjouit Pierre. 12 870! Superbe!

– Aucune importance. Ce triangle contient encore bien mieux.

C'est le moins qu'on puisse dire. Tu crois peut-être que ce triangle est un casse-tête? Erreur! C'est un truc pour gens paresseux, qui ont horreur de passer leur temps à faire des calculs. Par exemple, si tu veux connaître le résultat de l'addition des douze premiers nombres triangulaires, tu n'as qu'à descendre en biais, vers la droite, le long de la troisième série de nombres, celle qui commence par 1, 3, 6, 10. Avec ton doigt, descends jusqu'au douzième cube de cette série. Ensuite, cherche le nombre qui se trouve immédiatement en dessous à gauche. Lequel est-ce? Et voilà! Tu t'es épargné l'effort de calculer 1 + 3 + 6 + 10 + 15 + 21 + 28 + 36 + 45 + 55 + 66 + 78.

135

– Est-ce que tu sais au juste ce que nous venons de créer ? demanda le démon des maths. Ce n'est pas seulement un triangle, mais un superviseur ! Un écran de contrôle ! Pourquoi crois-tu que les cubes contiennent tous de l'électronique ? Je n'ai qu'à allumer l'engin, et il va s'éclairer.

Il frappa dans ses mains, et la pièce s'obscurcit. Il frappa encore une fois dans ses mains, et le premier cube tout en haut du triangle s'alluma d'une lumière rouge.

– Encore le un ! s'exclama Pierre.

Le vieux frappa de nouveau dans ses mains, et la première ligne s'effaça, tandis que la seconde brillait comme un feu de signalisation maintenu au rouge.

– Tu pourrais peut-être additionner tout cela ? demanda le démon.

– 1 + 1 = 2, marmonna Pierre. Ça n'a vraiment rien d'extraordinaire...

Le démon des maths frappa encore dans ses mains, et maintenant, c'était la troisième ligne qui brillait de sa lumière rouge.

– 1 + 2 + 1 = 4 ! s'écria Pierre. Inutile de continuer à frapper dans tes mains. J'ai compris. Ce sont nos vieilles connaissances, les 2 qu'on a fait bondir. La ligne suivante, ça va être $2 \times 2 \times 2$ ou $2^3 = 8$. Et puis, 16, 32, 64. Jusqu'à la dernière ligne.

1
1 1
1 2 1
1 3 3 1
1 4 6 4 1
1 5 10 10 5 1
1 6 15 20 15 6 1
1 7 21 35 35 21 7 1
1 8 28 56 70 56 28 8 1
1 9 36 84 126 126 84 36 9 1
1 10 45 120 210 252 210 120 45 10 1
1 11 55 165 330 462 462 330 165 55 11 1
1 12 66 220 495 792 924 792 495 220 66 12 1
1 13 78 286 715 1287 1716 1716 1287 715 286 78 13 1
1 14 91 364 1001 2002 3003 3432 3003 2002 1001 364 91 14 1
1 15 105 455 1365 3003 5005 6435 6435 5005 3003 1365 455 105 15 1
1 16 120 560 1820 4368 8008 11440 12870 11440 8008 4368 1820 560 120 16 1

– La dernière ligne, dit le démon, donne 2^{16}, et c'est déjà considérable. 65 536, si tu veux savoir le chiffre précis.

– Je ne préfère pas.

– Tant pis. Le démon des maths frappa une dernière fois dans ses mains, et tout s'éteignit.

– Peut-être aimerais-tu revoir d'autres vieilles connaissances ? demanda-t-il.

– Ça dépend. Le démon frappa encore trois fois dans ses mains, et les cubes s'éclairèrent de nouveau : les uns en jaune, les autres en bleu, d'autres encore en vert ou en rouge.

– On dirait les lumières du carnaval ! s'exclama Pierre.

– Est-ce que tu vois les petits escaliers qui partent d'en haut à droite pour mener en bas à gauche ? Chacun a une couleur différente. Additionnons chaque fois les cubes de même couleur et regardons le résultat. Allez, commence tout en haut avec le rouge !

– Il n'y a qu'une seule marche, dit Pierre. C'est le 1, comme d'habitude.

– Ensuite le jaune en dessous.

– Là aussi il n'y en qu'une : cela donne 1.

– Ensuite vient une marche bleue. Il y a deux cubes.

– 1 + 1 = 2.

138

– Vient ensuite, immédiatement après, la verte. Deux cubes verts.

– 2 + 1 = 3.

Pierre venait de comprendre comment ça marchait.

– De nouveau le rouge : 1 + 3 + 1 = 5. Et puis le jaune : 3 + 4 + 1 = 8. Le bleu : 1 + 6 + 5 + 1 = 13.

– Qu'est-ce que ça peut bien vouloir dire : 1, 1, 2, 3, 5, 8, 13, demande le démon.

– Bonatchi ! Les nombres des lapins !

– Tu vois tout ce que contient notre triangle ! Nous pourrions continuer des jours et des jours, mais je crois que ça suffit pour aujourd'hui.

– Ça, tu peux le dire ! Plutôt deux fois qu'une ! reconnut Pierre.

– Bon ! Eh bien, nous arrêtons là avec nos calculs !

Le démon des maths frappa encore dans ses mains, et les cubes multicolores s'éteignirent.

– Mais notre écran de contrôle a bien d'autres possibilités. Si je frappe encore dans mes mains, sais-tu ce qui va se passer ? Les nombres pairs vont s'illuminer dans tout le triangle, tandis que les impairs resteront dans le noir. J'y vais ?

– Si tu veux.

Ce qui s'offrit alors à la vue de Pierre était véritablement surprenant.

– Alors là, c'est fou ! Des triangles dans le triangle ! Et ils ont tous la tête en bas !

Pierre était époustouflé.

– Il y en a des grands et des petits, dit le démon des maths. Les petits ressemblent à des cubes, mais en réalité ce sont des triangles. Celui du milieu comporte six cubes, et le grand en a vingt-huit. Ce sont naturellement des nombres triangulaires. Pour l'instant, les nombres pairs brillent d'une lumière jaune. Que se passera-t-il, selon toi, si nous allumons, sur notre écran, tous les nombres qui sont divisibles par trois, par quatre ou par cinq ? Il me suffit de taper dans mes mains, et tu le sauras. Avec quel diviseur allons-nous essayer ? Le cinq, par exemple ?

– D'accord, dit Pierre. Tous ceux qu'on peut diviser par cinq.

Le démon des maths frappa dans ses mains, les nombres en jaune s'éteignirent et les verts s'allumèrent.

– Je n'aurais jamais imaginé cela, même en rêve, dit Pierre. Encore des triangles ! C'est de la vraie sorcellerie !

– Exactement, mon ami. Parfois, je me demande moi-même où s'arrêtent les mathématiques et où commence la sorcellerie.

– Fantastique ! Au fait, c'est toi qui as inventé tout ça ?

– Non.

– Qui donc ?

– Le diable seul le sait ! Le grand triangle des nombres est vieux comme le monde, beaucoup plus vieux que moi.

– Pourtant, tu m'as tout l'air d'être plutôt vieux !

– Moi ? Si tu permets, je suis l'un des plus jeunes au paradis des nombres. Notre triangle est vieux d'au moins deux mille ans. Je crois que c'est un Chinois qui en a eu l'idée. Mais aujourd'hui encore, nous continuons à jouer et nous découvrons de nouveaux trucs qu'on peut faire avec lui.

« Continuez comme ça, songeait Pierre, et vous n'en verrez sans doute jamais le bout. » Mais il se garda bien de le dire tout haut.

Le démon des maths avait lu dans ses pensées.

– Tu as raison, les mathématiques sont une histoire sans fin, dit-il. Tu creuses, tu creuses, et tu finis toujours par trouver encore du nouveau.

– Vous ne pourrez donc jamais arrêter ?

– Moi non, mais toi si, répondit à voix basse le démon des maths.

Et à ces mots, les cubes verts devinrent de plus en plus pâles et le démon des maths de plus en plus maigre, jusqu'à ce qu'il soit aussi mince qu'un fil et ressemble aux enfants qui détestent la soupe. La pièce était plongée dans le noir, et très vite Pierre oublia tout, les cubes multicolores, les triangles, les nombres de Bonatchi et même son ami, le démon des maths.

Il dormit très longtemps, et lorsqu'il se réveilla, le lendemain matin, sa mère lui dit :

– Tu es bien pâle, Pierre ! Tu as fait un cauchemar ?

– Non, fit Pierre, pourquoi tu me demandes ça ?

– Je me fais du souci.

– Mais Maman, répondit Pierre, tu le sais bien : il ne faut pas tenter le diable !

L'un de vous aimerait-il savoir quelle figure s'affiche quand s'allument, sur l'écran, tous les nombres qu'on peut diviser par quatre ? Inutile d'être un démon des maths pour cela. Chacun peut le découvrir tout seul ! Prends un crayon de couleur et colorie tous les nombres qui sont des multiples de quatre. Si les nombres sont trop grands pour toi, sers-toi d'une calculette. Choisis le nombre désiré, divise-le par « 4 » et tu verras si tu tombes juste. Tu trouveras le triangle à la page suivante.

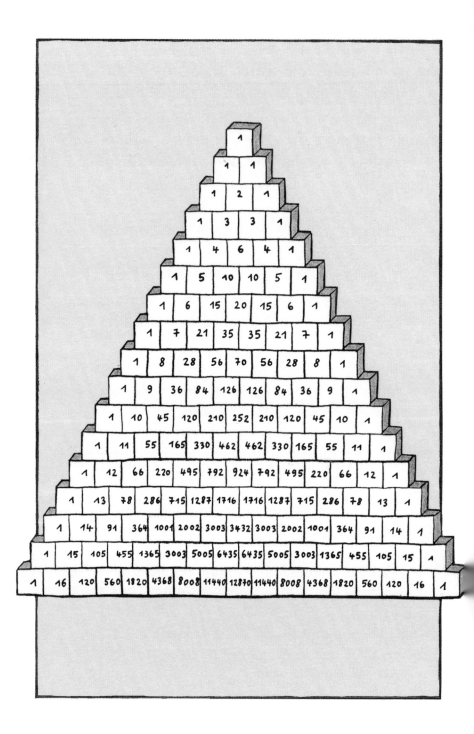

LA HUITIÈME NUIT

Pierre était debout tout devant, près du tableau. Au premier rang étaient assis deux de ses meilleurs amis dans la classe : Arnaud, le joueur de football, et Betty, la fille avec les tresses. Comme toujours, ces deux-là se chamaillaient.

« Il ne manquait plus que ça, pensa Pierre. Voilà que je rêve de l'école ! »

La porte s'ouvrit, mais ce ne fut pas M. Bouquet qui entra : ce fut le démon des maths !

– Bonjour, dit-il. À ce que je vois, vous êtes encore en train de vous chamailler ! Que se passe-t-il ?

– Betty a pris ma place ! s'écria Arnaud.

– Eh bien, demande-lui de te la rendre !

– Mais elle ne veut pas ! assura Arnaud.

– Écris-le au tableau, Pierre, pria le démon des maths.

– Quoi donc ?

– Tu écris A pour Arnaud et B pour Betty. Arnaud est assis à gauche et Betty à droite.

Pierre ne voyait pas pourquoi il devait l'écrire au tableau, mais il se disait : « Si ça lui fait plaisir, allons-y. »

A B

– Bon, Betty, dit le démon des maths, maintenant, tu vas t'asseoir à gauche et Arnaud à droite.

Comme c'est curieux ! Betty ne protesta pas. Elle se leva gentiment et échangea sa place avec celle d'Arnaud.

B A

écrivit Pierre au tableau.

À cet instant, la porte s'ouvrit, et Christopher entra, en retard comme d'habitude. Il s'assit à gauche de Betty.

C B A

écrivit Pierre.

Mais Betty n'était pas contente du tout.

– S'il faut être à gauche, dit-elle, autant être complètement à gauche !

– C'est pas possible... râla Christopher. Bon, comme tu veux.

Et tous deux échangèrent leurs places.

B C A

Mais à son tour, Arnaud n'était pas du tout satisfait de ces changements.

– Je préférerais être assis à côté de Betty, protesta-t-il.

Christopher, qui était un bon garçon, se leva sans mot dire et céda sa place à Arnaud.

B A C

« Si ça continue comme ça, pensa Pierre, nous pouvons faire purement et simplement une croix sur cette heure de mathématiques. »

Mais ça continua comme ça, car voici qu'Arnaud aussi voulait, pour une fois, être assis tout à gauche.

– Dans ce cas, il faut tous nous lever, dit Betty. Je ne vois pas du tout pourquoi, mais s'il faut absolument le faire... Allez, Christopher !

Et quand ils furent de nouveau assis, on arrivait à ceci :

A B C

Naturellement, cela ne dura pas longtemps.

– Ah non ! protesta Betty, je ne supporterai pas d'être assise une minute de plus à côté de Christopher.

Elle était franchement casse-pieds. Mais comme elle ne les laissait pas en paix, les deux garçons durent céder. Pierre écrivit :

C A B

– Allez, ça suffit maintenant, dit-il.

– Tu crois ? demanda le démon des maths. Car ces trois-là n'ont sûrement pas encore épuisé toutes les possibilités. Qu'est-ce que cela donnerait si vous vous asseyiez de la façon suivante : Arnaud à gauche, Christopher au milieu, Betty à droite ?

– Jamais de la vie ! s'écria Betty.

– Arrête avec tes histoires, Betty, dit le démon.

Contre leur gré, les trois se levèrent et s'assirent de la manière suivante :

A C B

– Est-ce que tu remarques quelque chose, Pierre ? Hé, Pierre, je te parle ! Ces trois-là ne voient sûrement rien !

Pierre fixa le tableau :

AB   C B A
BA   B C A
       B A C
       A B C
       C A B
       A C B

– J'ai l'impression qu'on a épuisé toutes les possibilités, dit-il.

– Je le crois aussi, répondit le démon des maths. Mais il est impossible que vous ne soyez que quatre dans votre classe. J'ai peur qu'il en manque encore quelques-uns.

Il avait à peine prononcé ces mots que la porte s'ouvrit brusquement sur Djemila. Elle était hors d'haleine.

– Mais qu'est-ce qui se passe ici ? M. Bouquet n'est pas là ? Et vous, qui êtes-vous ? demanda-t-elle au démon des maths.

– Je ne suis là qu'exceptionnellement, répondit le démon. Votre M. Bouquet a pris des congés. Il ne vous supporte plus, apparemment. Votre classe est trop dissipée à son goût.

– C'est le moins qu'on puisse dire, répliqua Djemila. Ils sont tous assis n'importe comment. Depuis quand cette place est la *tienne*, Christopher ? C'est moi qui suis assise là !

– Dans ce cas, tu n'as qu'à proposer toi-même un ordre pour s'asseoir, intervint le démon des maths.

– Moi, je m'en tiendrai tout simplement à l'alphabet, suggéra-t-elle. A comme Arnaud, B comme Betty, C comme Christopher et ainsi de suite. Ce serait la solution la plus simple.

– Comme tu veux. On essaie ?

Pierre nota au tableau :

A B C D

Mais avec l'ordre proposé par Djemila, les autres n'étaient absolument pas contents. Ils étaient déchaînés. La plus terrible était Betty. Toutes griffes dehors, elle se mettait à mordre quiconque ne voulait pas céder sa place. Chacun poussait et repoussait les autres. Mais avec le temps, ils finirent tous par prendre plaisir à ce nouveau jeu complètement fou. Les échanges de places se firent de plus en plus vite, de sorte que Pierre avait toutes les peines du monde à suivre. Finalement, quand la bande des quatre fut passée par toutes les dispositions de places possibles, il y avait ceci au tableau :

ABCD	BACD	CABD	DABC
ABDC	BADC	CADB	DACB
ACBD	BCAD	CBAD	DBAC
ACDB	BCDA	CBDA	DBCA
ADBC	BDAC	CDAB	DCAB
ADCB	BDCA	CDBA	DCBA

« Heureusement qu'ils ne sont pas tous là aujourd'hui, se dit Pierre, sinon tout ça n'en finirait plus ! »

La porte s'ouvrit au même moment, et il vit s'engouffrer dans la classe Enzo, Félicia, Gwenaël, Hugo, Ivan, Jeanne et Karim.

– Non, pitié ! s'écria Pierre. Ne vous asseyez pas ! Je vais devenir fou !

– D'accord, dit le démon des maths, nous allons en rester là. Vous pouvez tous rentrer chez vous. La classe est finie pour aujourd'hui.

– Et moi ? demanda Pierre.

– Tu peux rester encore un petit moment.

Les autres s'étaient déjà précipités dans la cour de récréation. Pierre se mit à examiner ce qui était écrit au tableau.

– Alors, qu'en penses-tu ? demanda le démon des maths.

– Je n'en sais rien. Une seule chose est claire : il y en a toujours plus. Toujours davantage de possibilités de s'asseoir. Tant qu'il n'y avait que deux élèves, ça allait encore. Deux élèves, deux possibilités. Trois élèves, six possibilités. Avec quatre, ce sont déjà… attends un peu…

– Vingt-quatre possibilités.

– Et s'il n'y a qu'un seul élève ?

– Eh bien quoi ? Ça ne fait évidemment qu'une possibilité !

– Vérifie en multipliant, dit le démon des maths.

élèves	possibilités
1	1
2	$1 \times 2 = 2$
3	$1 \times 2 \times 3 = 6$
4	$1 \times 2 \times 3 \times 4 = 24$

– Eh! s'exclama Pierre. Intéressant!

– S'il y en a toujours plus qui participent au jeu, ça devient pénible de l'écrire comme ça. On peut faire plus court. On écrit le nombre de participants et on met un point d'exclamation derrière :

$$4! = 24$$

Ça se dit : quatre vroum!

– Si on n'avait pas renvoyé Enzo, Félicia, Gwenaël, Hugo, Ivan, Jeanne et Karim à la maison, qu'est-ce qui se serait passé, à ton avis?

– Un méli-mélo gigantesque, répondit le démon des maths. Ils auraient essayé toutes les positions possibles et imaginables, et je peux te dire que cela aurait duré une éternité. Avec Arnaud, Betty et Christopher, cela aurait fait onze personnes, et cela veut dire onze possibilités de vroum! Selon toi, combien cela aurait-il fait de possibilités?

– Personne ne peut calculer cela de tête. Mais à l'école, j'ai toujours ma calculette avec moi. Ni vu ni connu, bien sûr, car M. Bouquet ne supporte pas qu'on travaille avec.

Et Pierre commença à tapoter :

$$1 \times 2 \times 3 \times 4 \times 5 \times 6 \times 7 \times 8 \times 9 \times 10 \times 11 =$$

– Onze vroum! dit-il, cela fait exactement 39 916 800. Presque quarante millions!

– Tu vois, Pierre, si nous avions essayé tous ces cas de figure, nous serions encore là dans quatre-vingts ans. Tes camarades de classe auraient fini par avoir besoin d'une chaise roulante, et nous aurions dû engager onze infirmières pour les déplacer de-ci, de-là. Mais avec l'aide d'un peu de mathématiques, tout va beaucoup plus vite. Tiens, j'ai encore une idée. Regarde par la fenêtre si tes camarades sont toujours là.

– Je crois qu'ils se sont dépêchés d'aller s'acheter des glaces, et maintenant ils sont en train de rentrer chez eux.

– Je suppose qu'ils se serrent la main avant de se quitter?

– Hors de question! Nous, on se dit « salut! » ou « à plus tard! ».

– Dommage! dit le démon des maths. J'aimerais bien savoir ce qui se passe quand ils se serrent chacun la main.

– Ah non, arrête! Ça dure à coup sûr éternellement. On va sans doute arriver à un nombre gigantesque de poignées de main... Onze vroum! je suppose, s'il y a onze individus.

– Erreur! répliqua le démon.

– S'ils sont deux, réfléchit Pierre, une seule poignée de main est nécessaire. Avec trois...

– Écris-le plutôt au tableau :

individus	poignées de main
A	—
A B	A B
A B C	A B A C B C
A B C D	A B A C A D B C B D C D

– Donc, avec deux, on a une poignée de main; avec trois, il y en a trois, et avec quatre, nous sommes déjà à six...

– 1, 3, 6... Mais on les connaît ces chiffres-là ?

Pierre n'arrivait pas à se rappeler. Alors, le démon des maths dessina quelques gros points au tableau :

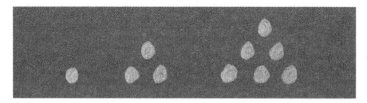

– Les noix de coco! s'exclama Pierre. Les nombres triangulaires!

– Et comment ils marchent, ceux-là ?

– Mais tu le sais très bien :

$$1 + 2 \ = 3$$
$$3 + 3 \ = 6$$
$$6 + 4 \ = 10$$
$$10 + 5 \ = 15$$
$$15 + 6 \ = 21$$
$$21 + 7 \ = 28$$
$$28 + 8 \ = 36$$
$$36 + 9 \ = 45$$
$$45 + 10 \ =$$

Il y a exactement 55 poignées de main.

– Ça va encore, dit Pierre.

– Si tu ne veux pas calculer trop longtemps, tu peux aussi t'y prendre autrement. Tu dessines quelques cercles au tableau :

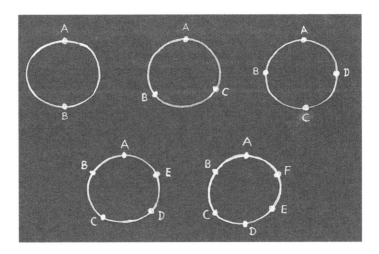

Sur la circonférence de chacun des cercles, tu écris chaque fois une lettre supplémentaire : A pour Arnaud, B pour Betty, C pour Christopher, et ainsi de suite. Ensuite, tu relies toutes les lettres les unes aux autres :

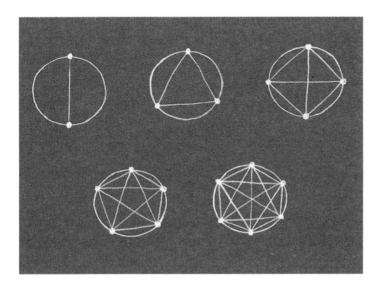

C'est pas mal tout ça, non ? Chaque trait représente une poignée de main. Tu n'as qu'à faire le compte.

– 1, 3, 6, 10, 15... Comme prévu ! Il y a juste une chose que je ne comprends pas. Pourrais-tu m'expliquer pourquoi, chez toi, tout s'enchaîne toujours parfaitement ?

– Voilà justement ce qu'il y a de diabolique dans les mathématiques ! Tout s'enchaîne parfaitement. Bon ! Disons : presque tout. Car les nombres épatants, tu le sais bien, ont leurs humeurs. Et même ailleurs, il faut faire sacrément attention, sinon on tombe facilement dans des pièges. Mais en gros, en mathématiques, les choses se passent correctement. C'est précisément pour cela que certains les détestent tant. Moi, les gens cochons et sales m'insupportent, et c'est pareil en sens inverse : ils ont horreur des nombres. À propos, regarde donc par la fenêtre : votre cour de récréation est une vraie porcherie !

Pierre dut le reconnaître. Dans la cour, des boîtes de Coca-Cola vides, des magazines déchirés et des papiers gras traînaient partout.

– Si trois d'entre vous prenaient un balai, votre cour de récréation aurait, en une demi-heure, bien meilleur aspect.

– Et les trois, ce serait qui ? demanda Pierre.

– Arnaud, Betty et Christopher, par exemple. Ou Djemila, Enzo et Félicia. En dehors d'eux, nous avons encore, de toute façon, Gwenaël, Hugo, Ivan, Jeanne et Karim.

– Mais tu dis qu'il n'en faut que trois !

– Certes, objecta le démon des maths, mais lesquels ?

– Il suffit de les combiner tant qu'on veut, répondit Pierre.

– D'accord. Mais s'ils ne sont pas tous là ? Si nous n'en avons que trois, Arnaud, Betty et Christopher ?

– Eh bien, ce sont eux qui se chargeront du travail!

– Bien. Alors écris-le!

Pierre écrivit:

A B C

– Et si l'on y ajoute Djemila, qu'allons-nous faire? Il existe alors à nouveau de nombreuses possibilités.

Pierre réfléchit. Ensuite, il écrivit au tableau:

A BC   A B D   A C D   B C D

– Quatre possibilités, dit-il.

– Mais par hasard, voici Enzo qui passe. Pourquoi ne participerait-il pas un peu au travail? Nous avons maintenant cinq candidats. Alors, essayons de voir ce que cela donne.

Mais Pierre refusa.

– Dis-moi plutôt tout de suite le résultat! demanda-t-il, à bout de patience.

– Bon, comme tu veux. Avec trois personnes, nous ne pouvons former qu'un seul groupe de trois. Avec quatre, il y a quatre groupes différents, et avec cinq, nous arrivons à dix groupes. Je l'écris à ta place:

3	ABC									
4	ABC	ABD		ACD			BCD			
5	ABC	ABD	ABE	ACD	ACE	ADE	BCD	BCE	BDE	CDE

– Dans cette liste, il y a une autre chose étonnante. Je l'ai composée en respectant l'alphabet, comme tu vois. Et dans la liste, combien de groupes commencent par Arnaud ? Dix. Combien par Betty ? Quatre. Et un seul commence par Christopher. Avec ce jeu, ce sont toujours les mêmes nombres qui ressortent :

$$1, 4, 10 \cdots$$

Devine comment cela continue. Je veux dire, si quelques nouveaux venus s'ajoutent à ceux qui précèdent, disons Enzo, Félicia, Gwenaël, Hugo et ainsi de suite ? Combien de groupes de trois cela donnerait-il en fin de compte ?

– Aucune idée, dit Pierre.

– Te rappelles-tu comment nous avons arrangé le problème des poignées de main ? Quand chacun prend congé de chacun ?

164

– Ça a été une affaire vite réglée grâce aux nombres triangulaires :

$$1, 3, 6, 10, 15, 21 \cdots$$

Mais ça ne marche pas avec nos équipes de balayeurs qui travaillent par trois.

– Non. Mais si tu additionnes les deux premiers nombres triangulaires ?

– Ça fait quatre.

– Et si tu ajoutes le suivant ?

– Dix.

– Et en ajoutant encore le suivant ?

– 10 + 10 = 20.

– Eh bien, vas-y !

– Maintenant, je dois continuer comme ça jusqu'au onzième nombre ? Tu ne parles pas sérieusement !

– Pas de panique ! On s'en passera. Sans calculs, sans faire d'essais, sans ABCDEFGHIJK.

– Comment ça ?

– Avec notre bon vieux triangle des nombres, répondit le démon des maths.

– Tu vas le dessiner au tableau ?

– Non, je n'y songe pas. Ce serait d'un ennui pour moi ! Mais n'ai-je pas apporté ma canne ?

Avec son bout de bois il effleura le tableau, et le triangle apparut, dans toute sa splendeur, en quatre couleurs, de surcroît.

– On ne peut pas imaginer plus confortable, dit le vieux démon des maths. Pour les poignées de main, tu comptes simplement les cubes verts de haut en bas : pour deux personnes, une poignée de main ; pour trois personnes, trois ; pour onze personnes, cinquante-cinq. Pour notre trio de balayeurs, tu prends les cubes rouges. Tu comptes de nouveau de haut en bas. Ça commence par trois personnes : pour elles, il n'y a qu'une possibilité. Si tu peux choisir parmi quatre individus, tu disposes de quatre combinaisons. Avec cinq, tu arrives déjà à dix. Et que se passe-t-il si les onze écoliers sont présents ?

– Alors ça fait cent soixante-cinq, répondit Pierre. C'est vraiment très simple. Ce triangle des nombres est presque aussi fort qu'un ordinateur ! Mais à quoi servent donc les cubes jaunes qui sont là ?

– Ah, dit le démon, tu sais bien, depuis le temps, que j'ai du mal à m'arrêter. Nous autres démons des maths, nous allons toujours au bout de nos idées. Que fais-tu quand trois personnes ne suffisent pas pour ton boulot ? Eh bien, tu en prends quatre. Et à ce moment-là, la série jaune te dit combien il y a de possibilités de choisir de quatuors parmi huit individus, par exemple.

– Soixante-dix, répondit Pierre, car il avait fort bien compris combien il était facile de lire la réponse dans le triangle.

```
                              1
                           1     1
                        1     2     1        2
                     1     3     3     1        3
                  1     4     6     4     1        4
               1     5    10    10     5     1        5
            1     6    15    20    15     6     1        6
         1     7    21    35    35    21     7     1        7
      1     8    28    56    70    56    28     8     1        8
   1     9    36    84   126   126    84    36     9     1        9
1    10    45   120   210   252   210   120    45    10     1      10
1  11   55   165   330   462   462   330   165    55    11    1      11
1  12   66  220   495   792   924   792   495   220    66    12    1    12
1  13  78  286  715  1287 1716 1716 1287  715  286   78    13    1
1 14  91 364 1001 2002 3003 3432 3003 2002 1001 364   91   14   1
1 15 105 455 1365 3003 5005 6435 6435 5005 3003 1365 455 105 15  1
1 16 120 560 1820 4368 8008 11440 12870 11440 8008 4368 1820 560 120 16 1
```

– Exact, dit le démon des maths. Et je ne parle pas des cubes bleus.

– Les groupes de huit, sans doute. Si je n'ai que huit personnes à disposition, pas besoin d'une longue réflexion : il n'y a qu'une possibilité. Mais avec dix personnes, je peux déjà former quarante-cinq groupes différents. Et ainsi de suite à l'infini.

– Tu as tout compris.

– Maintenant, j'aimerais bien savoir à quoi ressemble la cour, là, dehors, ajouta Pierre.

Il regarda par la fenêtre et, miracle ! la cour de récréation était nettoyée comme elle ne l'avait jamais été auparavant.

– Je me demande bien quels sont les trois qui se sont servis d'un balai !

– Sûrement pas toi en tout cas, mon cher Pierre, susurra le démon des maths.

– Comment est-ce que je pourrais balayer la cour de l'école si je dois m'occuper de nombres et de cubes toute la nuit ?

– Reconnais-le, dit le démon, cela t'a tout de même fait plaisir !

– Et maintenant ? Tu reviens bientôt ?

– Je vais commencer par prendre des vacances, répondit le démon des maths. Jusqu'à mon retour, tu n'as qu'à discuter avec M. Bouquet.

Pierre n'en avait pas grande envie, mais que faire d'autre ? Le lendemain, l'école l'attendait.

Quand il arriva dans la salle de classe, Albert et Betty et les autres étaient déjà assis à leur place. Personne n'avait envie d'échanger sa place avec un autre.

– Voici notre génie des mathématiques qui arrive ! s'écria Christopher.

– Ce sacré Pierre étudie même en dormant, le taquina Betty.

– Vous croyez que ça lui sert à quelque chose ? demanda Djemila.

– Je ne crois pas ! s'exclama Karim. M. Bouquet ne le supporte pas, quoi qu'il fasse.

– Et réciproquement, répliqua Pierre. Je me passe de lui !

Avant que M. Bouquet n'arrive, Pierre jeta encore un coup d'œil rapide par la fenêtre.

« Comme toujours », pensa-t-il, quand il vit la cour de récréation : un vrai dépotoir, d'un bout à l'autre ! Impossible de se fier à ce qu'on a rêvé. Les nombres exceptés : là, on peut avoir confiance.

Puis arriva l'inévitable M. Bouquet, avec sa serviette pleine de bretzels.

LA NEUVIÈME NUIT

Pierre rêvait qu'il rêvait. Il avait pris cette habitude. Chaque fois que dans un rêve il lui arrivait quelque chose de désagréable, par exemple, s'il était debout sur un pied sur une pierre glissante au beau milieu d'un fleuve en crue et qu'il ne pouvait ni avancer ni reculer, alors il s'empressait de penser : « C'est épouvantable, mais après tout ce n'est qu'un rêve ! »

Mais lorsqu'il attrapa la grippe et qu'il dut rester au lit toute la journée, brûlant de fièvre, cette petite astuce lui fut d'une faible utilité. Pierre le savait parfaitement, les rêves nés de la fièvre sont les pires. Il se rappelait encore comment, un jour qu'il était malade, il était tombé près du cratère d'un volcan en éruption ! Des montagnes crachant le feu l'avaient projeté très haut dans le ciel, et il avait été sur le point d'être précipité lentement, avec une invraisemblable lenteur, en plein dans la lave du volcan... Il préférait ne pas y penser. Voilà pourquoi il s'efforçait de rester éveillé, même si sa mère n'arrêtait pas de dire :

– Tu ferais mieux de dormir pour guérir ta grippe. Arrête donc de lire tout le temps ! C'est mauvais pour ta santé.

Quand il eut lu jusqu'à la dernière ligne une douzaine de bandes dessinées, ses yeux se fermèrent d'eux-mêmes. Et le rêve qu'il fit alors était vraiment extraordinaire. Il se mit à rêver qu'il avait la grippe, qu'il était couché dans son lit, et que le démon des maths était assis à côté de lui !

Il se disait : « Le verre d'eau est sur la table de nuit. J'ai chaud. J'ai de la fièvre. Je crois que je ne suis pas du tout endormi. »

– Alors ? dit le démon. Et moi dans tout ça ? Je suis dans tes rêves ou je suis vraiment là ?

– Je n'en sais rien, répondit Pierre.

– Aucune importance. Quoi qu'il en soit, je venais visiter un malade. Et un malade doit rester chez lui et s'abstenir de faire des incursions dans le désert ou de compter les lapins dans les champs de pommes de terre. Alors j'ai pensé que nous pouvions passer une soirée tranquille, sans nous lancer dans de grands problèmes. Pour éviter que l'on s'ennuie, j'ai invité quelques nombres à nous rejoindre. Tu sais bien que je ne peux pas vivre sans eux. Mais ne t'en fais pas, ils sont parfaitement inoffensifs.

– C'est ce que tu n'arrêtes pas de dire, lui rappela Pierre.

On frappa à la porte, et le démon des maths cria : « Entrez ! » Aussitôt, une multitude de nombres s'engouffra dans la chambre, et ils la submergèrent en un instant. Pierre s'étonna de constater combien de gens pouvaient tenir entre la porte et le lit. Les nombres ressemblaient à des coureurs cyclistes ou à des coureurs de marathon, ils portaient tous un numéro sur leur pull blanc. La chambre était plutôt petite, mais plus les nombres se précipitaient à l'intérieur, plus elle semblait s'agrandir. La porte ne cessait de s'éloigner, jusqu'à être à peine visible, très loin, à l'extrémité d'un long corridor parfaitement rectiligne.

Les nombres étaient là, en train de rire et de discuter quand le démon des maths cria d'une voix aussi puissante que celle d'un sergent-chef :

– Attention ! Première suite !

Aussitôt, les nombres se placèrent dos au mur pour former une longue rangée, d'abord le un, puis tous les autres à côté de lui.

– Où est donc passé le zéro ? demanda Pierre.

– Le zéro, s'il te plaît ! hurla le démon des maths.

Il s'était caché sous le lit. Il sortit en rampant et dit, confus :

– Je pensais qu'on ne m'utiliserait pas. Je ne suis pas très bien, je crois que je couve la

grippe. Je sollicite humblement un congé de maladie.

– Dehors! cria le démon des maths, et le zéro disparut de nouveau sous le lit de Pierre.

– Eh oui! il est particulier, le zéro. Il ne veut jamais faire comme tout le monde. Mais les autres... as-tu remarqué comme ils sont dociles?

Avec satisfaction, il contemplait les nombres tout à fait normaux, debout en bon ordre:

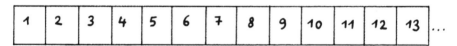

– Deuxième suite, en avant! cria-t-il.

Et aussitôt, de nouveaux nombres se précipitèrent pour entrer, en se bousculant et en se faufilant, hors d'haleine, jusqu'à ce qu'ils soient enfin rangés dans le bon ordre.

Ils s'étaient placés directement devant les autres dans la chambre – si tant est qu'on puisse encore appeler cela une chambre, car entre-temps, c'était plutôt devenu un long corridor qui s'étendait à perte de vue – et tous portaient cette fois un pull rouge.

– Ah! s'exclama Pierre. Voilà les impairs.

– En effet, mais maintenant, devine s'ils sont plus ou moins nombreux que ceux qui portent un pull blanc et qui sont debout contre le mur.

– Mais c'est évident! dit Pierre. De deux nombres qui se suivent, l'un est toujours impair. Il y a donc moitié moins de rouges que de blancs.

– À ton avis, par conséquent, la suite complète des nombres représente le double des nombres impairs?

– Évidemment.

Le démon des maths se mit à rire, mais c'était un rire pas très net : Pierre eut presque l'impression qu'il était empli de commisération pour lui.

– Je vais te décevoir, mon cher, dit le démon des maths. Il y en a exactement autant de chaque sorte.

– Mais c'est impossible! s'écria Pierre. *Tous* les nombres ne peuvent pas être exactement aussi nombreux que *la moitié* d'entre eux! C'est absurde!

– Regarde un peu, je vais te montrer.

Il se tourna vers les nombres et vociféra :

– Première et deuxième suites, donnez-vous la main!

– Mais pourquoi hurles-tu comme ça après eux? demanda Pierre avec irritation. Tu te prends pour un adjudant, ou quoi ? Tu ne pourrais pas être un peu plus poli avec eux ?

Mais ses protestations n'eurent aucun effet. Chaque blanc donnait maintenant la main à un rouge et, d'un coup, ils furent là par paires, comme des soldats de plomb.

1	2	3	4	5	6	7	8	9	10	11	12	13	...
1	3	5	7	9	11	13	15	17	19	21	23	25	...

– Tu vois ? À chaque nombre ordinaire de un à tant et plus correspond un nombre impair également de un à tant et plus. Peux-tu me montrer un seul rouge qui serait resté sans un partenaire blanc ? C'est donc qu'il y a un nombre infini de nombres ordinaires, et tout autant de nombres impairs. Un nombre infini précisément.

Pierre se concentra un instant.

– Est-ce que cela veut dire que si je divise infiniment par deux, il en résulte deux séries infinies ? Dans ce cas, le tout serait exactement aussi grand que la moitié ?

– Absolument, répondit le démon des maths. Et ce n'est pas tout.

Il sortit un sifflet de sa poche et se mit à siffler.

Aussitôt une nouvelle colonne sortit des

profondeurs de la chambre sans fin. Cette fois, les nombres portaient des pulls verts, et ils se poursuivaient en faisant un bruit d'enfer, jusqu'à ce que le vieux maître crie :

– Troisième suite, à vos places !

En moins de temps qu'il ne faut pour le dire, les verts s'étaient alignés en bon ordre devant les rouges et les blancs :

2	3	5	7	11	13	17	19	23	29	31	37	41	...

– Mais ce sont les nombres épatants ! constata Pierre.

Le démon se contenta d'un signe de tête. Il sortit encore son sifflet, mais cette fois, il siffla quatre fois d'affilée. Maintenant, c'était vraiment devenu l'enfer dans la chambre de Pierre. Un cauchemar ! Qui aurait pu penser que dans une simple chambre, même si elle était devenue aussi longue que la trajectoire d'une fusée de la Terre à la Lune, autant de nombres auraient pu trouver place ! On n'arrivait plus à respirer. La tête de Pierre était comme une boule de feu.

– Arrête, s'écria-t-il. Je n'en peux plus !

– C'est l'effet de ta grippe, répondit le démon des maths. Demain, ça ira certainement mieux.

Et il continua de commander :

179

– Écoutez tous! Les suites quatre, cinq, six et sept, en route! Et vite!

Pierre écarquilla ses yeux qui allaient se fermer et il vit sept sortes différentes de nombres, en pulls blancs, rouges, verts, bleus, jaunes, noirs et roses, alignés en rangées bien ordonnées les unes devant les autres dans sa chambre étirée à l'infini:

1	2	3	4	5	6	7	8	9	10	11	12	13	14	15	...
1	3	5	7	9	11	13	15	17	19	21	23	25	27	29	...
2	3	5	7	11	13	17	19	23	29	31	37	41	43	47	...
1	1	2	3	5	8	13	21	34	55	89	144	233	377	610	...
1	3	6	10	15	21	28	36	45	55	66	78	91	105	120	...
2	4	8	16	32	64	128	256	512	1024	2048	4096	8192	16384		...
1	2	6	24	120	720	5040	40320	362880	3628800	39916800					...

Déjà il n'arrivait pratiquement plus à lire les derniers nombres écrits sur les pulls roses, car ils étaient si longs qu'ils avaient tout juste assez de place sur le pull de leur propriétaire.

– Comme ils augmentent vite! constata Pierre. Je n'arrive plus à suivre.

– Vroum! dit le vieux diable. C'étaient les nombres avec un point d'exclamation.

181

$$3! = 1 \times 2 \times 3$$
$$4! = 1 \times 2 \times 3 \times 4$$

et ainsi de suite. Ça va plus vite qu'on ne croit. Mais les autres ? Est-ce que tu les connais ?

– Nous avons déjà vu les rouges : ce sont les nombres impairs. Et les verts, ce sont les nombres épatants. Les bleus... je ne sais pas, mais ils m'ont un air connu.

– Pense aux lapins !

– Ah oui ! Ce sont les nombres de Bonatchi. Et les jaunes, sans doute les triangulaires.

– Pas mal du tout, mon cher Pierre. Grippe ou non, tu fais des progrès comme apprenti sorcier !

– Ben oui ! Et les noirs, ce sont tout simplement des nombres qu'on a fait bondir : 2^2, 2^3, 2^4 et ainsi de suite.

– Et ils sont également nombreux dans chaque catégorie, rappela le démon des maths.

– Infiniment nombreux, soupira Pierre. Voilà le côté effrayant. C'est monstrueux.

– Suites un à sept, rompez ! hurla le vieux maître.

Son ordre déclencha illico de nouvelles bousculades, des courses, des poussées, des trépignements et des bourrades. C'est seulement quand les nombres furent de nouveau tous dehors qu'un délicieux silence s'installa, et la chambre de Pierre redevint petite et vide comme elle l'était auparavant.

– Maintenant, j'aurais besoin d'un verre d'eau et d'un cachet d'aspirine ! dit Pierre.

– Et repose-toi bien pour être sur pied demain.

Le démon des maths borda même Pierre.

– Il te suffit de garder les yeux ouverts, dit-il. Le reste, je te l'écrirai au plafond.

– Quel reste ?

– Nom d'une pipe ! dit le démon, qui s'amusait de nouveau à faire tournoyer sa canne. Nous avons jeté les suites de nombres dehors parce qu'elles faisaient trop de chahut dans ta chambre. Mais maintenant, il nous reste encore les séries.

– Les séries ? Quelles séries ?

– Eh, répondit le démon des maths, il se trouve que les nombres ne se côtoient pas seulement comme des soldats de plomb. Que se passe-t-il quand on les relie ? Je veux dire : quand on les additionne ?

– Je n'y comprends rien, gémit Pierre.

Le démon avait déjà écrit la première série au plafond de la chambre.

– Mais tu m'as dit de me reposer ! l'interrompit Pierre.

– Arrête de faire des manières ! Il te suffit de lire ce qui est écrit là !

$$\frac{1}{2} + \frac{1}{4} + \frac{1}{8} + \frac{1}{16} + \frac{1}{32} + \frac{1}{64} \ldots =$$

– Ce sont des fractions ! s'écria Pierre avec indignation. Beurk !

– Excuse-moi, mais celles-ci sont vraiment d'une simplicité totale. Tu ne vois pas ?

– Un demi plus un quart plus un huitième plus un seizième. En haut il y a toujours un 1, et en dessous il y a les nombres de la suite de 2 qu'on a fait bondir, ceux qui portent le pull noir. 2, 4, 8, 16... Je sais déjà comment ils continuent.

– Certes, mais quel va être le résultat si nous additionnons toutes ces fractions ?

– Je ne sais pas, répliqua Pierre. Comme la série ne s'arrête pas, le résultat sera probablement infiniment grand. Mais d'un autre côté, un quart c'est moins que un demi, un huitième c'est moins que un quart – et donc, ce que j'additionne devient de plus en plus petit.

Les nombres disparurent du plafond. Pierre ne voyait plus qu'un long trait :

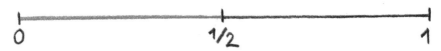

– Ah ! dit-il après un moment. Je crois comprendre. On commence par un demi. Ensuite, j'ajoute la moitié de un demi, donc un quart.

184

Déjà, ce qu'il venait de dire apparaissait, noir sur blanc, sur le plafond de sa chambre :

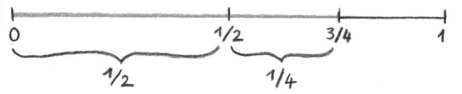

– Ensuite, il suffit de continuer. J'ajoute toujours la moitié. La moitié de un quart, c'est un huitième, la moitié de un huitième, c'est un seizième, etc. Les parts deviennent de plus en plus petites. Elles sont si minuscules qu'on ne les voit presque plus, exactement comme l'autre fois avec les chewing-gums partagés.

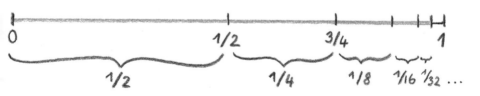

Et de cette façon, je peux continuer jusqu'à la saint-glinglin. Alors je me rapprocherai *tout près* du un, mais jamais tout à fait.

– Si. Il suffit que tu continues jusqu'à l'infini.

– Je n'en ai pas du tout envie. N'oublie pas que je suis couché dans mon lit avec une grippe !

– Malgré tout, dit le démon des maths, tu

sais maintenant comment ça continue et ce qui en résulte. Car *toi*, tu es certainement fatigué, mais les nombres ne le sont jamais.

Au plafond, le trait disparut. Désormais on pouvait y lire ceci :

$$\frac{1}{2} + \frac{1}{4} + \frac{1}{8} + \frac{1}{16} + \frac{1}{32} + \frac{1}{64} \cdots = 1$$

– Superbe ! s'écria le démon. Remarquable ! La suite, maintenant !

– Je suis fatigué. Je dois dormir !

– Qu'est-ce que tu veux au juste ? demanda le vieux diable. Je te rappelle que tu dors déjà ! En fin de compte, tu rêves de moi, et on ne rêve qu'en dormant.

Pierre dut le reconnaître, même si par moments il avait le sentiment que son cerveau était plein de courbatures.

– Bon, d'accord, allons-y pour *une* autre de tes idées folles, mais ensuite, je veux avoir la paix.

Le démon des maths éleva sa petite canne et fit claquer ses doigts. Sur le plafond apparut de nouveau une série de nombres :

$$\frac{1}{2} + \frac{1}{3} + \frac{1}{4} + \frac{1}{5} + \frac{1}{6} + \frac{1}{7} + \frac{1}{8} + \cdots =$$

– Exactement la même chose qu'avant !
s'exclama Pierre. Cette série aussi, je peux
l'additionner tant que je veux. Chaque nouveau
nombre est plus petit que le précédent. Et le
résultat sera de nouveau un !
  – Tu crois ? Alors examinons la chose de
plus près. Prenons pour commencer les deux
premiers nombres.
  Ne subsistaient plus maintenant au plafond
que les deux premiers membres de la série :

$$\frac{1}{2} + \frac{1}{3}$$

  – Cela fait combien ?
  – Je ne sais pas, grommela Pierre.
  – Ne te fais pas plus idiot que tu n'es, le
reprit le démon des maths. Qu'est-ce qui est
plus grand, la moitié ou le quart ?
  – La moitié, évidemment ! cria Pierre,
furieux. Tu me prends pour un imbécile ?
  – Pas du tout, mon cher. Mais je t'en prie,
dis-moi simplement encore une chose : qu'est-ce
qui est plus grand, un tiers ou un quart ?
  – Un tiers !
  – Fort bien. Nous avons donc deux fractions dont chacune représente davantage qu'un
quart. Et qu'est-ce que deux quarts ?
  – Question idiote : deux quarts font la moitié.

$$\frac{1}{2} + \frac{1}{3}$$ est donc plus que $$\frac{1}{4} + \frac{1}{4}$$

Et si nous prenons maintenant les quatre membres suivants de la série pour les additionner, le résultat va être une fois encore plus de la moitié :

$$\frac{1}{4} + \frac{1}{5} + \frac{1}{6} + \frac{1}{7}$$

– C'est trop compliqué pour moi, bougonna Pierre.

– Ridicule ! cria le démon des maths. Qu'est-ce qui est plus grand, un quart ou un huitième ?

– Un quart.

– Qu'est-ce qui est plus grand, un cinquième ou un huitième ?

– Un cinquième.

– Exact. Et il en va de même avec un sixième et un septième. Sur les quatre fractions

$$\frac{1}{4} , \frac{1}{5}, \frac{1}{6}, \frac{1}{7}$$

chacune est plus grande qu'un huitième. Et quatre huitièmes, c'est combien ?

Buté, Pierre répondit :

– Quatre huitièmes font exactement un demi.

– Magnifique! Nous avons maintenant:

$$\underbrace{\frac{1}{2}+\frac{1}{3}}_{\substack{\text{plus}\\\text{de } 1/2}} + \underbrace{\frac{1}{4}+\frac{1}{5}+\frac{1}{6}+\frac{1}{7}}_{\substack{\text{plus}\\\text{de } 1/2}} + \underbrace{\frac{1}{8}+\frac{1}{9}+\frac{1}{10}+\frac{1}{11}+\frac{1}{12}+\cdots\frac{1}{15}}_{\substack{\text{plus}\\\text{de } 1/2}}+\frac{1}{16}\cdots$$

et ainsi de suite. Jusqu'à l'infini. Tu le vois, déjà les six premiers membres de cette série font plus que un quand on les additionne. Et nous pourrions continuer comme cela aussi longtemps que nous en aurions envie.

– Non merci, dit Pierre.

– Et si nous voulions continuer ainsi – n'aie pas peur, nous n'allons sûrement pas le faire –, où aboutirions-nous?

– À l'infini, je suppose. C'est vraiment diabolique!

– Le seul problème, c'est que ce serait plutôt long, expliqua le démon des maths. Pour arriver au premier millier, il nous faudrait attendre, je crois, même si nous calculions à une vitesse phénoménale, la fin du monde tellement la progression de la série est lente!

– Il vaut mieux laisser tomber alors, dit Pierre.

– Il vaut mieux laisser tomber alors.

Ce qui était écrit au tableau s'effaça très lentement. Sans bruit, le vieux maître disparut, le temps passa, Pierre s'éveilla car le soleil lui chatouillait le nez. Sa mère lui toucha le front et dit :

    – Dieu soit loué, la fièvre est tombée !

    Pierre avait déjà oublié combien il peut être facile et combien il peut être long de glisser du un jusqu'à l'infini.

LA DIXIÈME NUIT

Pierre était assis sur son sac à dos, au milieu de la neige. Le froid envahissait tous ses membres, et il ne cessait de neiger. Où qu'il porte son regard, pas une lumière, pas une maison, pas un homme. Il était pris dans une vraie tempête de neige! En plus, il faisait sombre. Si cela devait continuer, alors adieu! Il avait la sensation que ses doigts étaient déjà complètement gourds. Il n'avait aucune idée de l'endroit où il se trouvait. Peut-être au pôle Nord?

Violet de froid, Pierre cherchait désespérément à se réchauffer en se donnant de grandes claques. Il n'allait tout de même pas mourir gelé! Dans le même temps, un autre Pierre, tranquillement assis dans un fauteuil en rotin, regardait le premier en train de grelotter de froid! «Comme quoi on peut même rêver de soi-même!» se dit-il.

Les flocons de neige devinrent de plus en plus gros. Ils se collaient au visage de l'autre Pierre, là, dehors, et l'un des deux, le vrai Pierre, celui qui était assis au chaud dans le fau-

teuil en rotin, remarqua qu'aucun des flocons
ne ressemblait aux autres. Tous ces gros flocons
moelleux étaient différents. La plupart du
temps, ils avaient six angles (ou sommets). Et
en y regardant de plus près, on s'apercevait que
le modèle se reproduisait : des étoiles à six
branches dans une étoile à six branches, des
rayons qui se diffractaient en rayons de plus en
plus petits, des petites pointes qui portaient
d'autres petites pointes.

Il sentit alors une main lui tapoter l'épaule,
et une voix bien connue lui dit :

– Ne sont-ils pas extraordinaires, ces flocons ?

C'était le démon des maths, et il était assis
derrière lui.

– Où suis-je ? demanda Pierre.

– Un instant, j'allume la lumière, répondit
le vieux maître.

Soudain, la clarté fut éclatante et Pierre vit qu'il était assis dans un cinéma, une petite salle élégante avec deux rangées de sièges capitonnés rouges.

– C'est une projection privée, rien que pour toi, lui dit le démon des maths.

– J'étais déjà persuadé que j'allais geler! s'écria Pierre.

– Mais ce n'était qu'un film! Tiens, je t'ai apporté quelque chose.

Il ne s'agissait pas cette fois d'une simple calculette. L'objet n'était ni vert ni flasque, et il n'avait pas la taille d'un canapé. Il était gris argent, avec un petit écran qui se dépliait et se repliait.

– Un ordinateur! s'exclama Pierre.

– Exactement, répondit le démon. Une sorte d'agenda. Tout ce que tu tapes sur le clavier apparaît immédiatement là devant, sur le mur. De plus, avec la souris qui est là, tu peux écrire directement sur l'écran de cinéma. Si tu veux, nous pouvons commencer.

– Mais je t'en supplie, arrête avec les tempêtes de neige! Je préfère faire un peu de calcul plutôt que de geler au pôle Nord.

– Tu pourrais peut-être commencer par taper quelques nombres de Bonatchi?

– Toi et ton Bonatchi! dit Pierre. Est-ce que ça ne serait pas ton préféré, par hasard?

Il pressa les touches et sur l'écran de cinéma apparut la suite de Bonatchi :

$$1,1,2,3,5,8,13,21,34,55,89\cdots$$

– Essaie maintenant de les diviser, dit le vieux maître. Toujours deux qui sont voisins, le plus gros par le plus petit.

– Bien, dit Pierre.

Et il tapa, il tapa, empli de curiosité pour ce qu'il allait lire sur le grand écran de cinéma.

$$1:1 = 1$$
$$2:1 = 2.$$
$$3:2 = 1,5$$
$$5:3 = 1,6666666666\cdots$$
$$8:5 = 1,6$$
$$13:8 = 1,625$$
$$21:13 = 1,615384615\cdots$$
$$34:21 = 1,619047619\cdots$$
$$55:34 = 1,617647059\cdots$$
$$89:55 = 1,618181818\cdots$$

– C'est complètement fou! dit Pierre. Encore des nombres qui ne s'arrêtent pas! Le dix-huit, là, il se mord la queue. Et un certain nombre d'autres semblent déraisonnables!

– C'est vrai, mais il y a encore autre chose là-dedans, lui dit le démon des maths pour le faire réfléchir.

Pierre se concentra et finit par dire :

– Tous ces nombres sont entre plus et moins. Le deuxième est plus grand que le premier, le troisième plus petit que le deuxième, le quatrième de nouveau un peu plus grand, et ainsi de suite. Mais plus on avance, et plus leur différence est faible.

– C'est exactement ça. Plus tu prends des nombres de Bonatchi élevés, plus tu arrives à un nombre moyen, en l'occurrence au nombre

$$1,618\ 033\ 989\dots$$

Mais ne crois pas qu'on parvienne ainsi à la fin du tunnel, car le résultat est un nombre déraisonnable qui ne finit jamais. Tu t'en rapproches toujours davantage, mais tu as beau calculer tant que tu veux, tu ne l'atteins jamais entièrement.

– Bon, d'accord, dit Pierre. Les nombres de Bonatchi sont comme ça de naissance. Mais *pourquoi* ils sont tous autour de ce nombre moyen ?

– Ça, dit le démon des maths, ça n'a absolument rien de particulier. Ils le font tous.

– Ça veux dire quoi, tous ?

– Il n'est pas nécessaire que ce soient des Bonatchis. Prenons par exemple deux nombres abominablement normaux. Dis-moi les deux premiers qui te viennent à l'esprit.

– Dix-sept et onze, lança Pierre.

– Bien. Additionne-les, s'il te plaît.

– J'y arrive de tête : vingt-huit.

– Formidable ! Alors je vais te montrer sur l'écran comment ça continue :

$$11 + 17 = 28$$
$$17 + 28 = 45$$
$$28 + 45 = 73$$
$$45 + 73 = 118$$
$$73 + 118 = 191$$
$$118 + 191 = 309$$

– Pigé, dit Pierre. Et maintenant ?

– Nous allons faire la même chose qu'avec les nombres de Bonatchi : diviser. Partager ! Vas-y gaiement !

Sur l'écran apparurent les nombres que Pierre tapait, et cela se présentait ainsi :

$$17 : 11 = 1,545\ 454\cdots$$
$$28 : 17 = 1,647\ 058\cdots$$
$$45 : 28 = 1,607\ 142\cdots$$
$$73 : 45 = 1,622\ 222\cdots$$
$$118 : 73 = 1,616\ 438\cdots$$
$$191 : 118 = 1,618\ 644\cdots$$
$$309 : 191 = 1,617\ 801\cdots$$

– Exactement le même nombre complètement dément! s'exclama Pierre. Je ne comprends pas. C'est possible qu'il soit dans tous les nombres? Est-ce que ça fonctionne vraiment TOUJOURS? Avec deux nombres au départ? Je peux choisir n'importe lesquels?

– Certainement, répondit le démon des maths. D'ailleurs, si jamais cela t'intéresse, je te montrerai encore d'autres emplois de 1,618...

Sur l'écran apparaissait maintenant quelque chose d'horrible:

$$1,618\cdots = 1 + \cfrac{1}{1 + \cfrac{1}{1 + \cfrac{1}{1 + \cfrac{1}{1 + \cfrac{1}{1 + \cfrac{1}{\cdots}}}}}}$$

– Une fraction! s'écria Pierre. Une fraction si répugnante qu'on en a mal aux yeux de la regarder, et elle ne finit jamais, jamais! Je déteste les fractions. M. Bouquet les adore, il n'arrête pas de nous torturer avec ça. S'il te plaît, débarrasse-moi de ce monstre!

– Pas de panique! Nous avons simplement affaire à une fraction continue. Mais il est tout de même fantastique que notre nombre complètement dément 1,618... se laisse déduire d'une série de un devenant de plus en plus petits. Cela, tu dois le reconnaître.

– Tout ce que tu veux, mais épargne-moi les fractions, surtout celles qui n'ont pas de fin.

– Bon, d'accord, Pierre. Je souhaiterais seulement que tu regardes. Si la fraction continue te gêne, nous allons tout simplement voir autre chose. Je vais te dessiner un pentagone :

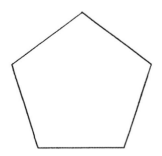

Chaque côté de ce pentagone a une longueur de un.

– Un quoi ? demanda aussitôt Pierre. Un mètre, un centimètre ou quoi ? Je dois vérifier si c'est bien un ?

– Mais cela n'a aucune importance !

Le démon des maths était de nouveau gagné par une légère irritation.

– Disons simplement que chaque côté a exactement une longueur de 1 kong. Nous pouvons en convenir entre nous, non ? D'accord ?

– D'accord, si tu veux.

– Je dessine maintenant dans le pentagone une étoile rouge :

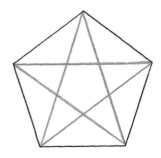

L'étoile comporte cinq traits rouges. Choisis, s'il te plaît, un de ces traits, et je te dirai sa longueur : exactement 1,618... kong, ni un peu plus ni un peu moins.

– C'est incroyable ! De la magie à l'état pur ! Là, Pierre était impressionné. Le démon des maths, flatté, souriait.

– Oh là là, dit-il, on est encore loin du compte ! Regarde, nous prenons notre étoile et nous mesurons les deux segments rouges que j'ai désignés par A et B :

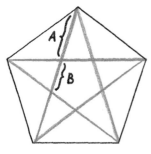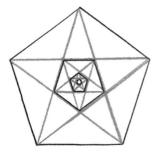

– A est un peu plus long que B, constata Pierre.

– Je préfère te dire tout de suite de combien il est plus long, pour que tu n'aies pas à te casser la tête. A est exactement 1,618... fois plus long que B. D'ailleurs, nous pouvons continuer ainsi jusqu'à l'infini, tu le sais, car notre étoile est comme les flocons de neige : l'étoile rouge contient à son tour un pentagone noir, et le pentagone noir de nouveau une étoile rouge, et ainsi de suite.

– Et ce maudit nombre déraisonnable revient toujours ? demanda Pierre.

– Tu l'as dit. Si tu n'en as pas encore assez...

– Je n'en ai pas assez du tout, protesta Pierre. C'est plutôt passionnant !

– Alors reprends encore une fois ton agenda. Tape le nombre maudit, je vais te le dicter :

$$1,618\ 033\ 989\cdots$$

Bien. Tu soustrais maintenant 0,5 :

$$1,618\ 033\ 989\ldots - 0,5$$
$$= 1,118\ 033\ 989\ldots$$

Tu multiplies le résultat par deux. Donc nous avons :

$$1,118\ 033\ 989\ldots \times 2$$
$$= 2,236\ 067\ 978\ldots$$

Bien, et maintenant tu fais bondir le résultat obtenu. Autrement dit, tu le multiplies par lui-même. Tu disposes d'une touche prévue pour ça, elle est marquée x^2 :

$$2,236067977\ldots^2 = 5,000\ 000\ 000$$

‾ Cinq! s'exclama Pierre. Ce n'est pas possible! Comment arrive-t-on à cinq? exactement cinq?

– Voyons cela, dit le démon des maths qui savourait son plaisir, revoici notre pentagone et, à l'intérieur, notre étoile rouge à cinq branches.

– C'est diabolique, admit Pierre.

– Et maintenant, nous plaçons quelques sommets dans notre étoile. Partout où des lignes se coupent ou se rencontrent, nous plaçons un sommet :

Compte combien cela fait de sommets.

– Dix, répondit Pierre.

– Compte ensuite, si tu veux bien, les surfaces blanches.

Pierre en compta onze.

– Maintenant, nous avons encore besoin du nombre de lignes. Chacune de celles qui relient ensemble deux sommets.

Cela dura un petit moment, car Pierre faisait des sacs de nœuds en comptant, mais finalement, il parvint à trouver combien il y en avait : 20 lignes.

– Exact, dit le démon. Et maintenant je vais faire un petit calcul sous tes yeux :

$$10 + 11 - 20 = 1$$
$$(K + F - L = 1)$$

Si tu additionnes les sommets et les surfaces et que tu soustrais ensuite le nombre de lignes, tu tombes sur 1.

– Oui, et alors ?

– Tu crois peut-être que c'est comme ça avec notre étoile à cinq branches. Eh bien non ! Le merveilleux de l'affaire, c'est qu'on tombe toujours sur 1, quelle que soit la figure que l'on ait choisie. Elle peut être aussi compliquée et irrégulière que l'on veut. Essaie. Dessine sans réfléchir, tu verras bien.

Il tendit l'ordinateur à Pierre, et Pierre traça sur l'écran les figures suivantes :

207

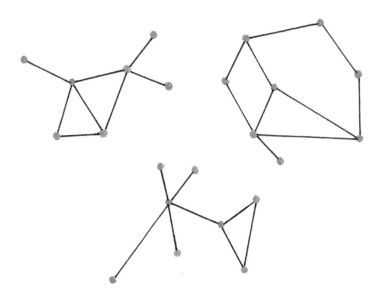

– Ne te fatigue pas, dit le démon. J'ai compté en même temps que tu dessinais. La première figure comporte sept sommets, deux surfaces et huit lignes. Cela fait $7 + 2 - 8 = 1$. La deuxième figure fait $8 + 3 - 10 = 1$. La troisième $8 + 1 - 8 = 1$. Toujours le même un !

D'ailleurs, cela ne marche pas seulement avec des figures sur des surfaces planes. Ça marche aussi avec des cubes ou des pyramides, ou des diamants taillés. Seulement, le résultat n'est pas 1, mais 2.

– J'aimerais bien le voir.

– Là, ce que tu vois maintenant sur l'écran est une pyramide :

– Mais ce n'est pas une pyramide! dit
Pierre. Ce sont plusieurs triangles, c'est tout.

– D'accord, mais que se passe-t-il si tu
découpes ces triangles et que tu plies les morceaux ensemble?

Aussitôt, le résultat apparut sur l'écran, pas
besoin de colle ni de ciseaux :

– Et avec les figures qui suivent tu peux
faire la même chose, dit le démon des maths en
dessinant diverses formes sur l'écran :

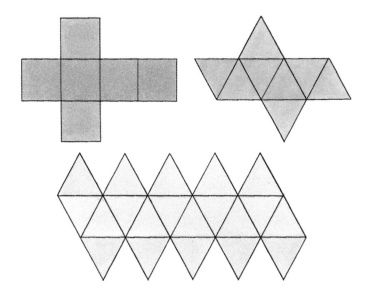

« Si ce n'est que ça ! se dit Pierre. J'ai déjà construit des modèles bien plus compliqués ! La première figure donne un cube quand on la découpe et qu'on colle les morceaux ensemble. »

– Voici les objets auxquels on aboutit : une double pyramide avec une pointe vers le haut et une autre vers le bas, et un objet quasiment sphérique comportant exactement vingt triangles égaux :

  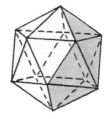

Tu peux même construire une sorte de sphère avec uniquement des pentagones. Le pentagone n'est-il pas notre figure préférée ? Dessiné sur le papier, ça donne ceci :

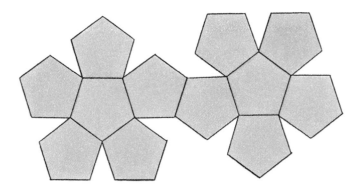

Et si tu colles les éléments, on aura ceci :

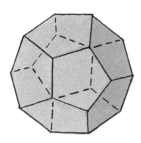

– Pas mal, dit Pierre. Je vais peut-être me bricoler quelque chose de ce genre un de ces quatre !

– Pas maintenant, merci. Je préférerais pour l'instant revenir à notre jeu avec les sommets, les lignes et les surfaces. Prenons d'abord le cube, c'est le plus simple :

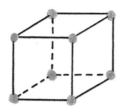

Pierre compta 8 sommets, 6 surfaces et 12 lignes.

– 8 + 6 – 12 = 2, dit-il.

– Toujours 2 ! L'objet peut être de travers ou compliqué autant qu'on veut, le résultat sera toujours 2. Des sommets plus des surfaces moins des lignes, ça donne 2. C'est une règle d'airain. Eh oui, mon petit gars, il en va de même avec les objets en papier que tu peux te fabriquer. Mais ça marche aussi avec les brillants incrustés sur la bague de ta mère. Sans doute est-ce même vrai des flocons de neige, mais eux, ils ont toujours fondu avant que tu arrives au bout du compte.

Peu à peu, la voix du vieux maître s'était assourdie, comme étouffée par de la ouate. La petite salle de cinéma s'était assombrie, et il recommençait à neiger sur l'écran. Mais Pierre n'avait pas peur. Car il savait parfaitement qu'il était assis dans un cinéma bien chaud, où il était impossible de geler même si, sous ses yeux, le paysage devenait blanc, de plus en plus blanc.

Lorsqu'il se réveilla, il remarqua qu'il n'était pas couché sous un tas de neige, mais sous son épaisse couverture blanche. Elle n'avait pas de nœuds ni de lignes noires ni, pour tout dire, de véritable surface, et encore moins la forme d'un pentagone. Et, naturellement aussi, le bel ordinateur gris argent avait disparu.

Et ce maudit nombre, c'était quoi déjà ? Un virgule six, ça, il l'avait retenu, mais le reste du nombre sans fin, il l'avait oublié !

Si tu as un peu de patience et si tu sais te servir de colle et de ciseaux, tu peux essayer toi-même de construire des modèles à partir des trigones et des pentagones représentés dans *les pages précédentes. Il faut bien entendu prévoir dans le dessin des petites languettes pour coller la figure découpée.*

Quand tu auras terminé les cinq modèles, et si tu n'en as pas encore assez, il existe un objet particulièrement raffiné que tu pourras construire toi-même. Mais seulement si tu as vraiment de la patience et si tu es d'une précision absolue ! Prends un très grand morceau de papier épais (d'au moins 35 x 20 cm), mais pas du carton, et dessine aussi précisément que possible la figure représentée à la page suivante. Chaque côté des nombreux triangles doit avoir exactement la même longueur que les autres. Cette longueur, tu peux toi-même la déterminer, mais le mieux serait 3 ou 4 cm (ou kong). Ensuite, découpe la figure. Avec ta règle, plie les lignes rouges vers l'avant et les lignes bleues vers l'arrière. Ensuite, colle l'objet : les bords du A sur le triangle a, le B sur le b et ainsi de suite. Résultat ? Un anneau complètement fou fait de dix petites pyramides et que tu peux tourner vers l'avant ou vers l'arrière (mais avec précaution !). Quand tu le feras tourner, un nouveau pentagone ou une nouvelle étoile à cinq branches apparaîtront. Maintenant, devine le résultat du calcul des sommets (ou angles), des surfaces et des lignes (ou arêtes) :

$$N + S - L = ?$$

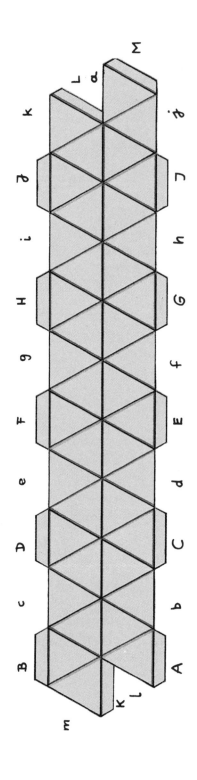

LA ONZIÈME NUIT

Il faisait presque sombre. Pierre traversait le centre-ville en courant à travers des rues et des places qu'il ne connaissait pas. Il fonçait aussi vite qu'il pouvait, car M. Bouquet était à ses trousses. Peu à peu, son poursuivant se rapprocha au point que Pierre sentit son souffle dans son dos. « Stop ! » cria M. Bouquet, mais Pierre accéléra encore pour lui échapper. Il n'avait aucune idée de ce que son professeur lui voulait et il ignorait aussi pourquoi il fuyait devant lui. « Il ne m'attrapera jamais – c'était la seule chose qu'il se disait – car il est beaucoup plus gros que moi ! »

Mais, parvenu à un coin de rue, Pierre vit  débouler de la gauche un deuxième M. Bouquet. Il franchit en trombe le croisement, bien que le feu fût au rouge pour les piétons, et il entendit alors plusieurs voix qui criaient derrière lui :

– Arrête, Pierre ! Nous ne voulons que ton bien !

Il avait maintenant quatre ou cinq M. Bouquet sur ses talons. Des rues adjacentes ne cessaient de sortir de nouveaux professeurs de mathématiques qui ressemblaient comme des jumeaux à son poursuivant. Et voilà qu'ils surgissaient en face de lui !

Pierre appela à l'aide.

Une main osseuse l'attrapa et le tira hors de la rue, dans un passage vitré. Dieu soit loué ! C'était le démon des maths qui lui chuchota :

– Viens ! Je connais un ascenseur privé qui mène à l'étage le plus haut.

Il y avait des miroirs sur les quatre parois de l'ascenseur, et Pierre vit une troupe innombrable de démons des maths et de garçons qui étaient ses répliques exactes. « Voilà le résultat, pensa-t-il, de ma fréquentation des quantités infinies ! »

Quoi qu'il en soit, les voix des M. Bouquet s'étaient tues. Pierre et le démon des maths eurent bientôt atteint le cinquantième étage. La porte de l'ascenseur s'ouvrit sans bruit sur un splendide jardin en terrasse où ils s'installèrent.

– C'était mon rêve depuis toujours, dit Pierre lorsqu'ils s'assirent sur une balancelle à deux places comme celles d'Hollywood.

En bas, sur la route, ils apercevaient un attroupement d'hommes qui, vus d'en haut, se comportaient comme des fourmis.

– J'ignorais absolument qu'il y avait sur terre une quantité aussi impressionnante de M. Bouquet! dit Pierre.

– Mais ça n'a aucune espèce d'importance! Tu n'as rien à craindre de ces gens-là, rétorqua le démon des maths.

– Ces choses-là n'existent sans doute qu'en rêve, murmura Pierre. Si tu n'étais pas arrivé au bon moment, je crois que j'étais fichu.

– Mais je suis là! En tout cas, ici nous sommes tout à fait tranquilles. Quoi de neuf?

– Toute la semaine, depuis la dernière fois qu'on s'est vus, je me suis demandé comment tout ce que tu m'as montré est relié ensemble. Bon, tu m'as appris beaucoup de choses, c'est vrai. Mais je me demande : *pourquoi*? Pourquoi le résultat de tous ces trucs est-il *ce* résultat? Par exemple, le nombre maudit. Et ensuite le cinq. Pourquoi les lapins se comportent comme s'ils savaient ce qu'est un nombre de Bonatchi? Pourquoi les nombres déraisonnables ne s'arrêtent jamais? Et pourquoi ce que tu racontes marche *toujours*?

– Eh bien, dit le démon des maths, c'est comme ça. Il ne te suffit plus de jouer tant que tu veux avec les nombres? Tu veux savoir ce qu'il y a derrière? Les règles du jeu? Le sens de tout ça? En un mot comme en mille, tu poses les questions d'un vrai mathématicien!

– Mathématicien, peut-être. Dans le fond, tu m'as *montré* des choses, tu ne les as jamais *démontrées*.

– Juste, dit le démon des maths. Je te dois des excuses, mais le problème est celui-ci : montrer des choses est facile et amusant. Se perdre en conjectures n'est pas mal non plus. Vérifier si la conjecture est exacte est encore mieux. Tout ça, nous l'avons fait très souvent. Et malheureusement, ça n'est pas encore suffisant. Tout dépend de la démonstration, et même toi tu aimerais que, dans l'heure, tout ce qui est possible et imaginable soit démontré.

– Oui. Car même si je comprends beaucoup de choses que tu m'as dites, pour d'autres, je ne vois pas comment ça fonctionne, ni pourquoi.

– Bref, tu n'es pas satisfait. C'est bien. Et tu crois peut-être qu'un démon des maths comme moi est parfois satisfait par ce qu'il a découvert ?  Mais jamais, au grand jamais ! C'est la raison pour laquelle nous ne cessons de ruminer de nouvelles démonstrations. S'absorber, se concentrer éternellement sur ces problèmes, creuser encore et encore ces questions, tel est notre destin. Cependant, quand finalement nous avons une illumination – et avant qu'elle arrive, cela peut durer longtemps : en mathématiques, cent ans passent vite – eh bien, nous sommes heureux comme des rois ! Alors, nous sommes au paradis.

– Tu exagères! Les démonstrations ne sont tout de même pas si difficiles!

– Tu ne sais pas ce que tu dis. Même quand tu t'imagines que tu as compris un problème, il peut arriver que tu te frottes subitement les yeux et que tu doives admettre qu'il y a un os.

– Par exemple?

– Tu penses sans doute que tu sais à quoi t'en tenir en faisant bondir les nombres. Simplement parce que tu n'as aucune difficulté pour passer de 2 à 2 x 2 et de 2 x 2 à 2 x 2 x 2.

– Évidemment. 2^1, 2^2, 2^3. Ça va tout seul.

– D'accord. Mais que se passe-t-il si tu bondis zéro fois? 1^0, 8^0 ou 100^0? Est-ce que tu connais le résultat de cette opération? Dois-je te le dire? Tu vas rire, mais le résultat, c'est toujours un :

$$1^0 = 1, \quad 8^0 = 1, \quad 100^0 = 1$$

– Comment c'est possible? demanda Pierre, stupéfait.

– Il vaut mieux ne pas poser la question! Je pourrais te le démontrer, mais je crois que tu deviendrais fou.

– Essaie quand même! protesta Pierre, agacé.

Mais le vieux démon des maths ne se départit pas de son calme.

– As-tu jamais essayé de franchir un fleuve en crue? demanda-t-il.

– Je connais ! s'exclama Pierre. Dans mes rêves !

– Nager ne servirait à rien, car le courant t'emporterait immédiatement. Mais, au milieu du fleuve, il y a des gros blocs de pierre qui émergent. Que fais-tu ?

– Je cherche des pierres aussi proches que possible pour pouvoir sauter de l'une à l'autre. Si j'ai de la chance, je passe de l'autre côté. Sinon, je suis coincé.

– Il se passe exactement la même chose avec les démonstrations. Mais comme depuis quelques millénaires nous avons déjà tenté tout et le reste pour franchir le fleuve, tu n'as pas besoin de commencer au début. Il y a déjà quantité de pierres dans le fleuve auxquelles tu peux te fier. Elles ont été éprouvées des millions de fois. Elles ne glissent pas, elles ne cèdent pas, elles te garantissent de progresser. Si tu as une idée neuve, une hypothèse, tu essaies avec la pierre qui suit. Si tu arrives à l'atteindre, tu sautes aussi longtemps qu'il le faut, jusqu'à être en sécurité sur l'autre rive. Et si tu fais bien attention, tu ne te mouilleras pas les pieds.

– Eh oui ! dit Pierre. Mais où se trouve l'autre rive pour les nombres ou pour les penta-gones, ou encore pour les nombres qu'on fait bondir ? Tu peux me le dire ?

– Bonne question, dit le démon des maths. L'autre rive, ce sont quelques propositions, si simples qu'il n'en existe guère de plus simples. Une fois que tu les as trouvées, c'est terminé. Elles valent démonstration.

– Et ce serait quoi, ce genre de propositions ?

– Bon, eh bien, par exemple : pour chaque nombre ordinaire, peu importe qu'il s'agisse de quatorze ou de quatorze milliards, il existe un et seulement un nombre qui le suit, et tu l'obtiens en ajoutant 1. Ou encore : il est impossible de diviser un point car il n'a pas d'étendue. Ou encore : entre deux points sur une surface plane il ne passe qu'une seule ligne droite, et celle-ci se prolonge à l'infini dans les deux directions.

– Là, je vois, dit Pierre. Et à partir de ces quelques propositions, tu arrives, si tu sautes plus loin, jusqu'aux nombres maudits ou à ceux de Bonatchi.

– Oui ! Et même encore beaucoup plus loin ! Simplement, à chaque bond que tu fais, tu dois faire preuve de beaucoup d'attention ! Exactement comme pour le fleuve en crue. Certaines pierres sont trop éloignées les unes des autres. Alors il est impossible de sauter de l'une à l'autre. Si tu essaies malgré tout, tu tombes à l'eau. Souvent, tu n'avances qu'en faisant un

détour, en passant par des coins et des recoins, et parfois tu n'arrives jamais. Alors, tu as peut-être eu une intuition séduisante, mais tu ne peux affirmer qu'elle va te mener plus loin. Ou bien il s'avère que ton idée n'était pas une bonne idée. Tu te souviens de ce que je t'ai montré au tout début ? Comment on peut magiquement produire tous les chiffres à partir du un ?

$$1 \times 1 = 1$$
$$11 \times 11 = 121$$
$$111 \times 111 = 12321$$
$$1111 \times 1111 = 1234321$$

Et ainsi de suite. Au fond, c'était exactement comme si on allait toujours pouvoir continuer comme ça.

– Oui, et tu étais même assez furieux quand j'ai dit qu'il y avait comme un défaut dans l'affaire. Bon, je l'ai dit pour t'agacer ! J'avais pas la moindre idée du défaut en question !

– Malgré tout, tu avais une bonne intuition. À la suite de quoi, j'ai continué à faire mes calculs et, en effet, arrivé à

$$1\,111\,111\,111 \times 1\,111\,111\,111$$

je me suis heurté à un mur. Subitement, il n'en est plus sorti que de la bouillie de nombres. Tu comprends ? L'affaire semblait bien partie et elle a bien fonctionné, mais, à la fin, tout cela ne sert à rien sans démonstration. Comme tu le

vois, même un démon des maths plutôt malin n'est pas à l'abri d'un fiasco. Je me souviens d'un démon, il s'appelait Jean-Jean de la Lune, il a eu une riche idée. Il l'a transcrite dans une formule dont il pensait qu'elle devait *toujours* tomber juste. Ensuite, l'insensé l'a expérimentée un milliard et cinq cents millions de fois, et chaque fois c'était parfait. Il a failli se tuer à la tâche avec son ordinateur géant – beaucoup, infiniment plus précis que nous avec notre maudit nombre 1,618... – et, naturellement, il était persuadé que cela allait continuer ainsi pour toujours. Notre bon Jean-Jean de la Lune a donc abandonné la partie, satisfait. Mais il n'a pas fallu longtemps pour qu'un autre démon des maths – j'ai oublié son nom – refasse les calculs avec encore plus de précision et en les poussant encore plus loin. Et avec quel résultat ? Jean-Jean de la Lune s'était trompé ! Sa formule tombait juste *presque* toujours, mais précisément *pas toujours*. Presque, mais pas complètement ! Eh bien oui ! le pauvre diable n'a pas eu de chance. Il s'agissait en l'occurrence des nombres épatants. Ils réservent des surprises, crois-moi. Et pour ce qui est de les démontrer, c'est une affaire diaboliquement difficile.

– C'est bien mon avis, répondit Pierre. Même lorsqu'on ne compte que des bretzels. Par exemple, M. Bouquet quand il commence à s'énerver pour savoir *pourquoi* il faut tant d'heures jusqu'à ce que tant de boulangers aient cuit tant de ses bretzels adorés – ça finit par taper sur les nerfs, et en plus c'est moins passionnant que tes inventions.

– Je crois que tu es injuste avec lui. Ton M. Bouquet doit chaque jour imaginer de nouveaux exercices, et il n'a pas le droit de sauter d'une pierre à l'autre comme nous le faisons, sans programme obligé, simplement selon notre humeur et nos envies. Il me fait de la peine, le pauvre. Je crois d'ailleurs qu'il est rentré chez lui pour corriger des copies.

Pierre jeta un coup d'œil en bas, dans la rue. Elle était vide et silencieuse.

– Certains d'entre nous, ajouta le démon des maths, se fixent des objectifs plus difficiles encore que les travaux de M. Bouquet. Par exemple, un de mes collègues plus âgés, le célèbre lord Roussel d'Angleterre (là-bas, on l'appelle Russell), s'est mis un jour en tête de démontrer que 1 + 1 = 2. Là, sur ce bout de papier, j'ai écrit comment il a fait pour y arriver :

$$\ast 54 \cdot 42. \quad \vdash :: \alpha \in 2 . \supset :. \beta \subset \alpha . ! \beta . \beta \neq \alpha . \equiv . \beta \in \iota ``\alpha$$

Dem.

$$-. \ast 54 \cdot 4. \quad \supset \vdash :: \alpha = \iota `x \cup \iota `y . \supset :.$$
$$\beta \subset \alpha . \exists ! \beta . \equiv : \beta = \wedge . v . \beta = \iota `x . v . \beta = \iota `y .$$
$$[\ast 24 \cdot 53 \cdot 56 . \ast 51 \cdot 161] \quad \equiv : \beta = \iota `x . v . \beta = \iota `y . v . \beta = \alpha : \exists ! \beta$$
$$\vdash . \ast 54 \cdot 25 . \text{Transp} . \ast 52 \cdot 22 . \supset \vdash : x \neq y . \supset . \iota `x \cup \iota `y .$$
$$[\ast 13 \cdot 12] \supset \vdash : \alpha = \iota `x \cup \iota `y . x \neq y . \supset . \alpha \neq \iota `x . \alpha \neq \iota `y$$
$$\vdash . (1) . (2) . \supset \vdash :: \alpha = \iota `x \cup \iota `y . x \neq y . \supset :.$$
$$\beta \subset \alpha . \exists ! \beta . \beta \neq \alpha . \equiv : \beta = \iota `x . v . \beta = \iota `y :$$
$$[\ast 51 \cdot 235] \qquad \equiv : (\exists z) . z \in \alpha . \beta = \iota `z :$$
$$[\ast 37 \cdot 6] \qquad \equiv : \beta \in \iota ``\alpha$$
$$\vdash . (3) . \ast 11 \cdot 11 \cdot 35 . \ast 54 \cdot 101 . \supset \vdash . \text{Prop}.$$

$$\ast 54 \cdot 43. \quad \vdash :. \alpha , \beta \in 1 . \supset : \alpha \cap \beta = \wedge . \equiv . \alpha \cup \beta \in 2$$

Dem.

$$\vdash . \ast 54 \cdot 26 . \supset \vdash :. \alpha = \iota `x . \beta = \iota `y . \supset : \alpha \cup \beta \in 2 . \equiv . x \neq y .$$
$$[\ast 51 \cdot 231] \qquad \equiv . \iota `x \cap \iota `y = \wedge .$$
$$[\ast 13 \cdot 12] \qquad \equiv . \alpha \cap \beta = \wedge \quad (1)$$
$$\vdash . (1) . \ast 11 \cdot 11 \cdot 35 . \supset$$
$$\vdash :. (\exists x , y) . \alpha = \iota `x . \beta = \iota `y . \supset : \alpha \cup \beta \in 2 .$$
$$\equiv . \alpha \cap \beta = \wedge \quad (2)$$
$$\vdash . (2) . \ast 11 \cdot 54 . \ast 52 \cdot 1 . \supset \vdash . \text{Prop}.$$

– Brrr! dit Pierre en se secouant. C'est vraiment l'horreur! Pourquoi tout ce travail? 1 + 1 = 2, je le sais sans faire tous ces calculs.

– Certes, et pour lord Roussel aussi, c'était évident. Mais il voulait tout simplement en avoir le cœur net. Tu vois où cela peut mener! Il existe d'ailleurs une foule de problèmes qui sont apparemment aussi simples que 1 + 1 = 2, pourtant, il est monstrueusement difficile d'en trouver la solution. Par exemple, le circuit touristique. Imagine que tu te rendes en Amérique, et que là-bas tu aies vingt-cinq amis. Chacun d'eux habite dans une ville différente, et toi, tu veux rendre visite à tous. Tu prends alors une carte routière et tu te demandes comment organiser au mieux ton itinéraire. Le moins de kilomètres possible pour gagner du temps et consommer moins d'essence. Quelle est la route la plus courte? Comment choisir la meilleure solution? Ça paraît facile, mais je peux t'assurer que plus d'un s'est cassé les dents sur ce problème. Les démons des maths les plus malins ont tenté de résoudre ce casse-tête, mais aucun n'y a réussi parfaitement jusqu'à présent.

– Ah bon ? s'étonna Pierre. Ça doit pourtant pas être si difficile que ça ! Je me demande quelles sont les possibilités, je les vérifie sur ma carte, et ensuite je calcule la plus courte.

– En effet, dit le vieux maître, tu étends pour ainsi dire un filet avec vingt-cinq nœuds.

– Évidemment. Si je veux voir deux amis, il n'existe qu'un seul trajet, celui qui mène de A à B :

A ●————————————————● B

– Deux trajets, car tu pourrais aussi voyager en sens inverse, de B vers A :

– Ça revient au même, protesta Pierre. Et quand il y a trois amis ?

– Il existe alors déjà six possibilités :

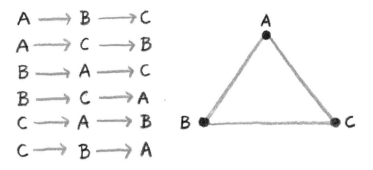

Par ailleurs, tous ces trajets sont de même longueur. Mais avec quatre commence l'embarras du choix :

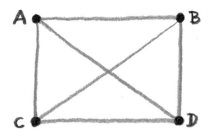

– D'accord, admit Pierre, mais je n'ai aucune envie de compter tous ces trajets.

– Il y en a exactement vingt-quatre, répondit le démon des maths. J'ai peur que ce soit comme avec l'ordre des places dans votre classe. Tu te souviens du désordre que c'était avec Arnaud, Betty, Christopher et les autres, et toutes ces possibilités qu'il y avait de s'asseoir ?

– Ça, oui ! Je m'en souviens !

Pierre savait à quoi s'en tenir : avec trois élèves, trois vroum !, avec quatre élèves, quatre vroum !, et ainsi de suite.

– Il en va exactement de même avec ton circuit, lui dit le démon des maths.

– Mais alors, où est le problème insoluble ? Je calcule combien il y a de trajets possibles et je choisis le plus court.

– Ouh là là ! s'exclama le démon. Si c'était si simple ! Mais avec 25 amis, tu as déjà 25 vroum ! possibilités, et c'est un nombre colossalement grand. Cela fait environ

1 600 000 000 000 000 000 000 000 000

232

Il est impensable que tu vérifies et expérimentes tous les chemins pour savoir lequel est le plus court. Même avec le plus gros ordinateur qui soit, tu n'arriverais pas au bout.

– Donc, en un mot comme en mille, ça ne marche pas !

– Ça dépend, ça dépend. Il y a belle lurette que nous nous sommes heurtés à ce problème. Les plus malins des démons des maths ont essayé toutes les solutions possibles et imaginables, et ils sont arrivés à la conclusion que tantôt ça fonctionne tantôt non.

– Dommage, dit Pierre. Si ça marche seulement de temps en temps, le travail est à moitié fait.

– Et ce qui est pire encore, c'est que nous n'arrivons même pas à démontrer définitivement qu'il n'existe *aucune* solution parfaite. Si, au moins, nous avions démontré que la démonstration n'existe pas, ce serait en fin de compte une démonstration.

– Mmm, fit Pierre. On dirait que les démons des maths ne sont pas infaillibles. Ça me console. Je croyais déjà que vos tours de magie n'avaient pas de limites.

– C'est seulement une apparence. Si tu savais combien de fois je ne suis pas parvenu de l'autre côté du fleuve ! Je m'estime déjà bien content quand j'arrive à retourner à pied sec au point de départ, sur la bonne vieille rive bien assurée. Mais je ne voudrais pas laisser croire, Dieu m'en garde, que je suis le plus fort ! Et c'est la même chose pour les grands maîtres de notre confrérie de démons des maths – tu feras peut-être la connaissance de l'un ou l'autre. Mais cela veut seulement dire que les mathématiques ne sont jamais finies. Heureusement, devrait-on ajouter. Il reste toujours quelque chose à découvrir, mon cher Pierre. Et c'est pourquoi je te prie maintenant de m'excuser. Demain matin, je voudrais en effet entreprendre l'algorithme simple appliqué aux surfaces polytopes...

– Le quoi ? demanda Pierre.

– C'est le meilleur moyen de démêler un embrouillamini. Pour cela, j'ai besoin d'être bien reposé. Je vais me coucher. Bonne nuit !

Le démon des maths avait disparu. La balancelle hollywoodienne sur laquelle Pierre était assis continuait doucement son mouvement. Qu'est-ce que cela pouvait bien être, encore, un polytope ? « Aucune importance, se dit-il. En tout cas, je n'ai plus de raison d'avoir peur de M. Bouquet. S'il me poursuit, le démon des maths me tirera sûrement d'affaire ! »

C'était une nuit tiède, et il était agréable de rêvasser sur la terrasse avec son jardin suspendu. Pierre se balançait, se balançait... et il ne songea plus à rien jusqu'à ce qu'il fasse grand jour.

LA DOUZIÈME NUIT

Pierre avait cessé de rêver. Il n'y avait plus de poissons géants qui cherchaient à l'avaler, plus de fourmis pour lui grimper le long des jambes, même M. Bouquet et ses innombrables jumeaux le laissaient en paix. Il ne glissait pas, on ne l'enfermait dans aucune cave, il n'était plus obligé de geler dehors. Bref, il dormait comme jamais il n'avait dormi.

C'était idéal, sauf qu'à la longue c'était aussi un peu ennuyeux. Que faisait donc le démon des maths? Il était peut-être sur une bonne idée qu'il n'arrivait pas à démontrer? Ou alors il ne pouvait plus démordre de ses surfaces polypes (à moins que les trucs dont il avait parlé la dernière fois portent un autre nom? ...). Et s'il avait tout simplement oublié Pierre?

Fini le rêve! Voilà ce que cela signifierait. Cette idée déplaisait souverainement à Pierre. Sa mère s'étonnait de le voir passer des heures dans le jardin à griffonner des nœuds et des filets sur une feuille de papier pour découvrir comment il pourrait visiter l'un après l'autre, dans l'ordre le plus simple possible, tous ses amis d'Amérique qui n'existaient absolument pas.

« Fais plutôt tes devoirs ! » finissait-il par entendre.

Une fois, M. Bouquet le surprit durant l'heure de mathématiques en train de dissimuler une feuille de papier sous son banc.

« Qu'est-ce que tu as là, Pierre ? Montre un peu ! »

Mais Pierre avait déjà froissé le papier d'un coup d'équerre magique et lancé la boule à son copain Christopher. On pouvait se fier à Christopher. Il s'arrangea pour que M. Bouquet ignore ce que fabriquait Pierre en douce.

Une nuit, Pierre dormit si profondément et si loin de tout rêve qu'il ne remarqua même pas que quelqu'un frappait à grand bruit contre sa porte.

– Pierre ! Pierre !

Il mit un temps considérable à se réveiller. Il sortit du lit pour ouvrir. C'était le démon des maths.

– Te voilà enfin ! dit Pierre. Je me suis ennuyé de toi !

– Vite ! dit le démon. Viens avec moi ! J'ai une invitation pour toi. Là !

Il sortit de sa poche un carton imprimé dont les bords étaient dorés et les lettres calligraphiées. Pierre lut :

Par porteur !
Par la présente invitation valable pour cette nuit

PIERRE

élève du démon des maths

TEPLOTAXL

est convié au grand dîner qui sera donné dans l'enfer
des nombres / au ciel des nombres
Le Secrétaire général :

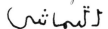

La signature était pleine de ronds illisibles, qui faisaient penser à une écriture arabe ou perse.

Pierre enfila ses vêtements aussi vite qu'il put.

– Donc, tu t'appelles Teplotaxl ? Pourquoi tu ne me l'as jamais dit ?

– Seuls les initiés ont le droit de connaître le nom d'un démon des maths, répondit le vieux maître.

– Donc je compte au nombre des initiés, maintenant ?

– Presque. Sinon tu n'aurais sûrement pas eu d'invitation.

– Curieux…, marmonna Pierre. Qu'est-ce que ça veut dire : dans l'enfer des nombres/au ciel des nombres ? C'est l'un ou l'autre !

– Oh, tu sais ! paradis des nombres, enfer des nombres, ciel des nombres… Au fond, tout cela revient au même, dit le démon.

Il se tenait près de la fenêtre et l'ouvrit toute grande.

– Tu verras bien. Tu es prêt ?

– Oui, répondit Pierre. Mais toute cette histoire commençait à lui paraître étrange.

– Alors, grimpe sur mon dos.

Pierre eut peur d'être beaucoup trop lourd pour le chétif démon des maths. Mais il ne voulait pas le contredire. Cependant, surprise ! à peine s'était-il assis sur le dos du démon que ce dernier s'élança dehors d'un bond vigoureux et s'envola avec légèreté.

« Voilà qui n'arrive aussi que dans les rêves », songea Pierre.

Mais pourquoi pas ? Un avion sans moteur, sans attacher sa ceinture, sans les fichues

hôtesses qui viennent proposer leurs jouets en plastique et leurs cahiers à colorier comme si l'on avait toujours trois ans... Quel changement merveilleux ! Après un vol parfaitement silencieux, le démon des maths atterrit en douceur sur une grande terrasse.

– Nous sommes arrivés, dit-il, et il déposa Pierre.

Ils se tenaient face à un superbe palais, aux dimensions imposantes, éclairé d'une lumière éclatante.

« Où est-ce que j'ai mis mon invitation ? se demanda Pierre. Je crois que je l'ai laissée à la maison. »

– Ça ne fait rien, le rassura le démon des maths. Ici entre celui qui le désire réellement. Mais combien savent, au fond, où se trouve le paradis des nombres ? Peu nombreux sont ceux qui trouvent le chemin jusqu'ici.

En effet, la grande porte à deux battants était ouverte, et nul ne se souciait des visiteurs.

Ils entrèrent et débouchèrent sur un couloir d'une longueur inouïe, sur lequel s'ouvraient des portes, encore des portes, en nombre considérable. La plupart étaient entrebâillées, d'autres étaient grandes ouvertes.

Pierre jeta un coup d'œil plein de curiosité dans la première pièce. Teplotaxl mit son doigt sur ses lèvres et dit : « Chut ! ». Dans la pièce était assis un homme vieux comme le monde, avec des cheveux blancs comme neige et un long nez. Il parlait tout seul :

– Tous les Anglais sont des menteurs. Mais que se passe-t-il quand c'est *moi* qui le dis ? Je suis en fin de compte moi-même un Anglais. Donc, moi aussi, je mens. Mais alors, ce que je viens d'affirmer, à savoir que tous les Anglais sont des menteurs, n'est pas vrai. Mais s'ils disent la vérité, ce que j'ai dit auparavant doit également être vrai. Et donc, nous mentons quand même !

Pendant qu'il marmonnait ainsi tout seul, il s'était mis à tourner en rond dans sa chambre.

Le démon des maths fit un petit signe à Pierre, et ils continuèrent leur chemin.

– C'est le pauvre lord Roussel, dit le guide à son hôte. Tu sais, celui qui a démontré que $1 + 1 = 2$.

– Il est un peu dérangé, non ? Ce ne serait pas surprenant : il est vieux comme le monde...

– Ne crois surtout pas ça ! Le bonhomme est diablement vif ! D'ailleurs, qu'est-ce que cela veut dire ici, vieux ? Lord Roussel est un des plus jeunes dans la maison : il n'a pas encore cent cinquante ans !

– Vous en avez encore des plus vieux dans ce palais ?

– Tu vas le voir bientôt, dit Teplotaxl. En

fait, dans l'enfer des nombres, ou au ciel des nombres, si tu préfères, on ne meurt pas.

Ils parvinrent à une autre porte, qui était grande ouverte. Dans la chambre, un homme se tenait accroupi ; il était si minuscule que Pierre ne le découvrit qu'après avoir bien regardé. La pièce était remplie d'objets remarquables. Une partie d'entre eux était de grands bretzels en verre. « Ils plairaient à M. Bouquet, pensa Pierre, même si on ne peut pas les manger et qu'ils ont une drôle de forme. » Les bretzels avaient en effet une forme particulière et de nombreux trous. Pierre vit aussi une bouteille verte.

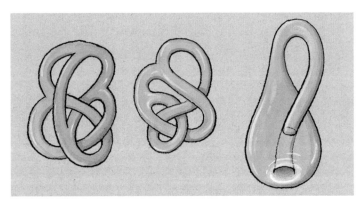

– Regarde-la bien, chuchota le démon des maths à son oreille. C'est une bouteille dont on ne reconnaît pas le dedans du dehors.

Pierre se disait : « Mais non, ça n'existe pas ! Une bouteille comme ça n'existe qu'en rêve ! »

– Imagine que tu veuilles la peindre en bleu à l'intérieur et en rouge à l'extérieur. Ça ne marche pas. Car elle n'a pas de contours. Tu ne saurais jamais où s'arrête la face rouge et où commence la face bleue.

– Et c'est ce tout petit bonhomme-là qui l'a inventée ? Il tiendrait facilement dans sa propre bouteille !

– Chut ! Pas si fort ! Tu sais comment il s'appelle ? C'est le professeur Klein, son nom signifie « petit » en allemand. Viens, il faut qu'on aille plus loin.

Ils passèrent devant de nombreuses autres portes. Souvent, une pancarte « Ne pas déranger ! » y était accrochée. Ils s'arrêtèrent devant une autre porte, grande ouverte elle aussi. Les murs et le mobilier étaient recouverts d'une couche de poussière extrêmement fine.

– Ce n'est pas une poussière ordinaire, dit Teplotaxl. Elle comporte plus de particules qu'on ne peut en compter. Et le plus incroyable, c'est que si tu en prélèves une quantité telle qu'elle pourrait tenir sur le bout d'une aiguille, dans cette quantité infime serait contenue toute la poussière qui recouvre cette pièce. C'est d'ailleurs le professeur Cantor qui a découvert cette poussière. *Cantor* est un mot latin qui veut dire chanteur.

On entendait effectivement l'occupant de la pièce, un monsieur blême avec une barbichette en pointe et des yeux perçants, qui chantonnait :

– Infini fois infini égale infini ! Plus qu'infini fois infini égale plus qu'infini.

Tout en chantant il avait entrepris une danse agitée et tournait sur lui-même.

« Vite, on s'en va », se dit Pierre.

Son ami frappa poliment à une des portes suivantes et une voix amicale dit : « Entrez ! » Teplotaxl avait raison : tous les occupants du palais étaient si âgés que le démon des maths, en comparaison, avait l'air d'un gamin. Cependant, les deux vieillards qu'ils rencontraient maintenant donnaient une impression de grande vivacité. L'un d'eux avait de grands yeux et portait une perruque.

– Entrez, je vous prie, messieurs. Mon nom est Chouette, et devant vous, vous avez le professeur Grauss.

Ce dernier avait un air revêche et il leva à peine les yeux de ses papiers. Pierre eut le sentiment que leur visite ne lui plaisait pas beaucoup.

– Nous nous entretenions justement des nombres épatants, dit le vieillard, amical. Vous le savez certainement, c'est un sujet d'un extrême intérêt.

– Oh oui ! s'exclama Pierre. On ne sait jamais où on en est avec eux.

– Tu as bien raison de dire cela. Mais avec l'aide de mes collègues, j'espère toujours percer un jour leur secret.

– Et que fait le professeur Grauss ?

Mais ce dernier ne voulut pas préciser l'objet de ses réflexions.

– Monsieur Grauss a fait une formidable découverte. Il s'occupe d'une espèce de nombres toute nouvelle. Comment les avez-vous appelés, déjà, cher ami ?

– i, dit l'homme au regard sévère, et ce fut tout ce qu'il dit.

– Ce sont les nombres inventés de toutes pièces, expliqua Teplotaxl. Excusez-nous, messieurs, pour le dérangement.

Et cela continua de la sorte. Ils jetèrent un rapide coup d'œil chez Bonatchi, dont la chambre grouillait de lapins. Ils passèrent ensuite devant des pièces où travaillaient, causaient, dormaient des Indiens d'Amérique, des Arabes, des Perses, des Indiens de l'Inde, et plus ils avançaient, plus les habitants du palais paraissaient vieux.

– Celui-ci, qui ressemble à un maharadjah, dit Teplotaxl, est vieux d'au moins deux mille ans.

Les chambres devant lesquelles ils passaient étaient de plus en plus spacieuses et luxueuses, et le démon des maths finit par s'arrêter devant une sorte de temple.

– Nous n'avons pas le droit d'entrer, dit-il à Pierre. L'homme habillé de blanc qui vit là est si important qu'un petit démon comme moi n'a même pas le droit de lui adresser la parole. Il est originaire de Grèce, et le nombre de découvertes qu'il a faites est incroyable. Tu vois les carreaux sur le sol ? Uniquement des étoiles à cinq branches et des pentagones. Il voulait en couvrir tout le sol sans qu'il reste le moindre interstice, et comme ça ne marchait pas, il a inventé les nombres déraisonnables. Le radis de cinq et le radis de deux. Tu te rappelles tout de même ces maudits nombres ?

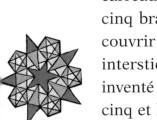

– Évidemment, assura Pierre.

– Il s'appelle Pythagore, chuchota le démon des maths. Et sais-tu ce qu'il a encore inventé ? Le mot *mathématique* ! Bon, nous sommes arrivés.

La salle où ils pénétraient maintenant était la plus grande que Pierre eût jamais vue : elle était plus spacieuse qu'une cathédrale et plus grande aussi qu'un stade, et beaucoup, infiniment plus belle. Les murs étaient ornés de mosaïques où apparaissaient constamment de nouvelles figures. Un grand escalier menait en haut, si haut qu'il était impossible d'en voir le sommet. Sur un palier de cet escalier était placé un trône en or, mais ce trône était vide.

Pierre était stupéfait. Jamais il n'aurait imaginé que la demeure du démon des maths soit aussi luxueuse.

– L'enfer ? Mon œil ! dit-il. C'est un paradis ici !

– Ne dis pas cela. Tu sais, je n'ai certes pas à me plaindre, mais parfois, la nuit, quand je ne sors pas de mes problèmes, il y a de quoi devenir fou ! On est à un doigt de la solution, et subitement on se trouve devant un mur – c'est ça, l'enfer !

Pierre se tut poliment et regarda autour de lui. C'est seulement à ce moment-là qu'il remarqua une table d'une longueur quasiment infinie, placée au milieu de la salle. Contre le mur se tenaient des serveurs, et tout près de l'entrée, il aperçut un grand type long comme une perche avec une batte dans la main. L'homme allongeait très loin son bras et frappait sur un gong énorme qui résonnait à travers tout le palais.

Alors qu'ils prenaient place à l'extrémité inférieure de la table, les démons des maths se mirent à affluer. Pierre reconnut Chouette et le professeur Grauss ainsi que Bonatchi, avec un lapin sur l'épaule. Mais la plupart des démons qui venaient d'arriver, il ne les avait jamais vus. Parmi eux, il y avait des Égyptiens à la démarche solennelle, des Indiens avec des points rouges sur le front, des Arabes en burnous, des moines en robe de bure, des Noirs et des Indiens d'Amérique, des Turcs avec des sabres recourbés et des Américains en blue-jeans.

Pierre s'étonnait de la grande quantité de démons des maths, et aussi de voir combien les femmes étaient peu nombreuses parmi eux. Il apercevait tout au plus six ou sept figures féminines, et apparemment on ne les prenait pas spécialement au sérieux.

– Où sont donc les femmes ? Elles n'ont pas le droit d'entrer ici ? demanda-t-il.

– Autrefois, elles n'avaient pas voix au chapitre. Les mathématiques, disait-on dans le palais, sont une affaire d'hommes. Mais je pense que cela va changer.

Les milliers de convives rejoignirent leur chaise en murmurant des salutations. Ensuite, l'homme long comme une perche frappa encore une fois son gong, à l'entrée, et tout le monde se tut. Sur la grande marche apparut un Chinois vêtu de soie, qui prit place sur le trône en or.

– Qui est-ce ? demanda Pierre.

– C'est l'inventeur du zéro, chuchota Teplotaxl.

– C'est sans doute lui le plus grand ?

– Non, c'est le second. Le plus grand vit tout à fait là-haut, là où l'escalier s'arrête, dans les nuages.

– C'est aussi un Chinois ?

– Si je le savais ! Nous n'avons jamais pu apercevoir son visage. Mais nous le vénérons tous. C'est le chef suprême de tous les démons des maths, car il a inventé le un. Qui sait ? Peut-être ne s'agit-il pas même d'un homme... Peut-être est-ce une femme !

Pierre était si impressionné qu'il se tut un long moment. Entre-temps, les serviteurs avaient commencé à apporter le dîner.

– Mais il n'y a que des tartes ! s'exclama Pierre.

– Chut ! Pas si fort, jeune homme ! Nous ne mangeons que des tartes ici parce que les tartes sont rondes et parce que le cercle est la plus parfaite de toutes les figures. Goûte donc !

Pierre n'avait jamais rien mangé d'aussi délicieux.

– Si tu veux savoir la taille d'une de ces tartes, par quoi commences-tu ?

– Je n'en sais rien. Tu ne me l'as pas expliqué et en classe nous en sommes toujours aux bretzels.

– Tu as besoin pour cela d'un nombre déraisonnable et, en l'occurrence, c'est le plus important de tous. Le monsieur assis tout au bout de

la table, là-bas, l'a découvert il y a plus de deux mille ans. C'est un Grec. Si nous ne l'avions pas, nous ne pourrions pas mesurer une tarte, une roue de voiture, un alliance et tout ce qui est rond. Pareil pour la lune et le globe terrestre. Sans le nombre pi, rien à faire.

Un bourdonnement enflait dans la salle ; les démons des maths tenaient des conversations animées. La plupart mangeaient de bon appétit. Seuls quelques-uns étaient perdus dans leurs pensées et fixaient le ciel, tout en roulant sous leurs doigts de la pâte à tarte en petites boules. Il y avait aussi largement de quoi boire, dans des verres en cristal en forme de pentagones et non pas, heureusement, dans les bouteilles complètement cinglées de M. Petit !

Quand le repas fut terminé, le gong retentit. L'inventeur du zéro se leva de son trône et disparut dans l'escalier. Peu à peu, les autres démons des maths se levèrent aussi, les plus importants en premier, et ils marchèrent d'un pas lourd vers leurs appartements respectifs. Enfin, il ne resta assis là que Pierre et son protecteur.

Un homme à l'uniforme somptueux, que Pierre n'avait pas encore remarqué, vint vers eux. « C'est sûrement le secrétaire général, se dit-il, l'homme qui a signé mon invitation. »

– Ah ! dit le dignitaire avec une mine sévère,

voici donc votre apprenti. Un peu jeune, vous ne trouvez pas ? Au fait, est-ce qu'il connaît déjà quelques tours de magie ?

– Pas encore, répondit l'ami de Pierre, mais s'il continue comme ça, il va certainement s'y mettre bientôt.

– Et comment ça va pour les nombres épatants ? Est-ce qu'il sait combien il y en a ?

– Exactement autant qu'il y a de nombres ordinaires, de nombres impairs et de nombres qu'on fait bondir, s'empressa de répondre Pierre.

– Pas mal. Dans ce cas, nous allons nous abstenir des autres tests. Comment s'appelle-t-il ?

– Pierre.

– Lève-toi, Pierre. Je t'accueille au niveau inférieur des apprentis ès nombres et en signe de ta dignité, je te confère maintenant l'ordre pythagoricien des nombres de cinquième classe.

À ces mots, il suspendit au cou de Pierre une lourde chaîne où était fixée une étoile d'or à cinq branches.

– Merci beaucoup, dit Pierre.

– Il va de soi que cette distinction doit rester secrète, poursuivit le secrétaire général, et sans accorder à Pierre le moindre regard, il tourna les talons et disparut.

– Bon, eh bien nous y sommes, dit l'ami et

maître de Pierre. Je vais m'en aller. À partir de maintenant, il va falloir que tu te débrouilles seul.

– Comment? Tu ne vas pas me laisser en plan, Teplotaxl! s'écria Pierre.

– Cela me fait de la peine, mais je dois retourner à mon travail, répondit le démon des maths.

Pierre le regarda et comprit qu'il était ému. Lui-même avait envie de pleurer. Il ne savait pas à quel point il tenait maintenant à son démon des maths. Mais, naturellement, ni l'un ni l'autre ne voulait laisser paraître quoi que ce soit, et Teplotaxl se contenta de dire :

– Bon vent, Pierre!

– Ciao, répliqua ce dernier.

Son ami était parti. Et Pierre était assis, tout seul, dans la salle gigantesque, devant la table débarrassée et vide. « Diable! Comment vais-je pouvoir rentrer à la maison ? » se dit-il. Il avait la sensation que la chaîne qu'il portait au cou devenait de minute en minute plus lourde, lourde... Et puis, la merveilleuse tarte lui restait un peu sur l'estomac. Se pouvait-il même qu'il ait bu un verre de trop ? Toujours est-il qu'il s'assoupit sur sa chaise, et bientôt il dormait si profondément qu'il lui sembla ne jamais s'être envolé par la fenêtre sur le dos de son maître.

Lorsqu'il se réveilla, il était tout naturellement couché dans son lit, comme toujours, et sa mère le secouait :

– C'est l'heure, Pierre ! Si tu ne te lèves pas tout de suite, tu vas être en retard à l'école !

« Eh oui ! se disait Pierre. C'est toujours la même histoire. En rêve, on vous sert les meilleurs tartes du monde, et avec de la chance, on vous remet même une chaîne en or. Mais dès que vous êtes réveillé, tout s'est envolé... »

Encore en pyjama, dans la salle de bains, il se lavait les dents quand quelque chose lui chatouilla la poitrine. Lorsqu'il regarda de quoi il s'agissait, Pierre découvrit une minuscule étoile à cinq branches attachée à une mince chaînette en or.

Il n'arrivait pas à le croire ! Cette fois, le rêve était devenu, un peu, réalité !

En s'habillant, il détacha la chaînette avec l'étoile et la fourra dans la poche de son pantalon pour éviter que sa mère lui pose des questions stupides. « D'où vient cette étoile ? aurait-elle demandé immédiatement. Un jeune homme digne de ce nom ne porte pas de bijoux ! » Qu'il

255

s'agisse dans ce cas d'un ordre secret, Pierre désespérait de pouvoir le lui expliquer !

En classe, rien de nouveau, sauf que M. Bouquet donnait une impression de grande fatigue. Il se retrancha derrière son journal. Manifestement, il voulait avaler ses bretzels sans être dérangé. Pour cela, il avait imaginé un de ces devoirs dont il avait le secret : comme ça, il était sûr que sa classe passerait l'heure à le résoudre.

– Il y a combien d'élèves dans votre classe ? avait-il demandé.

Aussitôt Djemila, qui faisait du zèle, s'était levée et avait répondu :

– Trente-huit !

– Bien, Djemila ! Maintenant, écoutez-moi bien. Le premier élève doit recevoir un bretzel… Comment s'appelle-t-il déjà ? Arnaud ! Oui, Arnaud doit recevoir *un* bretzel. Toi, Betty, tu es la deuxième, et tu en reçois deux, Christopher en reçoit trois, Djemila quatre, et ainsi de suite jusqu'au trente-huitième. Maintenant, s'il vous plaît, vous allez calculer le nombre de bretzels dont nous aurions besoin pour fournir de cette manière l'ensemble de la classe.

« Un devoir pareil, c'était du M. Bouquet tout craché ! Qu'il aille au diable… » songea Pierre. Mais il ne laissa rien voir de ses senti-ments.

M. Bouquet commença à lire son journal en toute tranquillité, tandis que les élèves étaient plongés dans leur calcul.

Bien entendu, Pierre n'avait aucune envie d'entreprendre ce travail stupide. Il était assis à sa table, le regard perdu dans le vide.

– Que se passe-t-il, Pierre ? Tu es encore en train de rêver, l'interpella le professeur.

Il gardait donc malgré tout un œil sur ses élèves !

– J'y vais, j'y vais, répondit Pierre, et il commença à écrire dans son cahier :

$$1 + 2 + 3 + 4 + 5 + 6 \cdots$$

Mon Dieu, quel ennui ! À peine arrivé au nombre onze et déjà il s'emmêlait les crayons ! Il fallait qu'une telle chose lui arrive, à lui, le titulaire de l'ordre Pythagoricien des nombres, même si c'était seulement de cinquième classe ! Il s'aperçut alors qu'il ne portait pas, justement, son étoile. Il l'avait oubliée dans son pantalon.

Avec prudence, il la retira de sa poche et s'attacha la chaînette autour du cou, sans que M. Bouquet remarque quoi que ce soit. À l'instant même, il sut comment il pouvait résoudre avec élégance le problème qu'il avait à traiter. Ce n'est pas pour rien qu'il était passé maître dans les nombres triangulaires. Comment c'était déjà ? Il écrivit dans son cahier :

$$\begin{array}{cccccc} 1 & 2 & 3 & 4 & 5 & 6 \\ 12 & 11 & 10 & 9 & 8 & 7 \\ \hline 13 & 13 & 13 & 13 & 13 & 13 \end{array}$$

$$6 \times 13 = 78$$

Si cela marchait avec les nombres de un à douze, il fallait bien qu'il en aille de même avec les nombres de un à trente-huit !

$$\begin{array}{ccccccc} 1 & 2 & 3 & \cdots & 18 & 19 \\ 38 & 37 & 36 & \cdots & 21 & 20 \\ \hline 39 & 39 & 39 & \cdots & 39 & 39 \end{array}$$

$$19 \times 39 = ?$$

Derrière le pupitre, il sortit avec d'infinies précautions sa calculette de son cartable et tapa :

$$19 \times 39 = 741$$

– J'ai trouvé, cria-t-il. C'est très facile !

– Ah bon ? dit M. Bouquet en abaissant son journal.

– 741, dit Pierre tout doucement.

Il se fit un silence total dans la classe.

– Comment le sais-tu ? demanda M. Bouquet.

– Oh, mais c'est un calcul qui coule de source ! répondit Pierre.

Et il mit la main sur la petite étoile sous sa chemise, pensant avec reconnaissance à son démon des maths.

Avertissement !

En rêve, tout se passe tout à fait autrement que dans la classe ou dans la science. Quand Pierre et le démon des maths s'entretiennent, ils s'expriment parfois de manière bien curieuse. Et ce n'est pas très surprenant car, il faut bien le dire, *Le Démon des maths* est une histoire étrange.

Mais surtout, n'allez pas croire que tout le monde comprend les mots qu'échangent les deux compères durant leurs rencontres de rêve ! Votre professeur de mathématiques, par exemple, ou vos parents, si vous leur parlez de *faire bondir** ou de *radis**, ils ne comprendront absolument pas ce que cela veut dire. Les adultes, en effet, à la place de *faire bondir* disent *élever au carré*, ou *à la puissance x*, et à la place de *radis*, ils écrivent *racine* au tableau. Les *nombres épatants** s'appellent en classe *nombres premiers*, et jamais et nulle part vous n'entendrez un maître parler de *cinq vroum !**, car il a un mot savant pour cela : factorielle cinq.

À vrai dire, dans le rêve, ces expressions techniques n'existent pas. Personne ne rêve uniquement avec des mots savants. Donc, quand le démon des maths emploie un langage imagé et qu'il fait bondir les nombres au lieu de les élever à une puissance, ce n'est pas un simple caprice pour enfant : en rêve, nous faisons tous ce que nous voulons.

Mais en classe, on ne dort pas et on rêve rarement. C'est pourquoi votre maître a raison s'il s'exprime comme tous les mathématiciens du monde. De grâce, pliez-vous à cette règle si vous ne voulez pas avoir de désagréments à l'école !

Liste pour chercher
et trouver ce que l'on cherche

Celui qui a lu ce livre et qui, plus tard, ne saurait plus comment s'appelait (dans ce livre) ce dont il aurait justement besoin pourra chercher dans la liste qui suit afin de le retrouver au plus vite.

Vous y découvrirez, dans l'ordre alphabétique, non seulement les mots utilisés dans les rêves par Pierre et le démon des maths, mais aussi les mots «justes», les notions officielles utilisées par les mathématiciens. Les premiers sont imprimés en caractères courants, et les seconds – les officiels – sont en *italiques*.

En outre, l'index comprend certaines expressions introuvables dans le livre. Mais vous n'avez absolument pas besoin de vous en soucier. Car il se pourrait que *Le Démon des maths* tombe entre les mains de mathématiciens et d'autres adultes. C'est pour eux qu'on a veillé à mettre ces rubriques, afin qu'ils aient eux aussi de quoi s'amuser.

Note sur la traduction

Dans cette traduction, Pierre rêve en français, et le traducteur a dû rêver avec lui les déplacements de mots, en particulier de noms propres portés par certains personnages qui ont réellement existé. Ainsi « Chouette » est la traduction de *Eule*, nom sous lequel apparaît le sympathique Euler, mathématicien du XVIIIe siècle. Gauss, autre mathématicien, mort en 1855, apparaît sous le nom de *Grauss*, avec une mine revêche : il faut savoir que *Grauss* évoque le mot allemand *grausam*, qui signifie « atroce », « cruel ». Était-il ainsi dans la vie ? Je n'en sais rien. Enfin, Bertrand Russell, qui était *Lord Rüssel* en allemand, devient *Roussel* en français.

Comme vient de le dire l'auteur, dans le rêve des mots courants remplacent des mots techniques. D'où « bondir, faire bondir » (en allemand *hopsen*, « sauter, sautiller, gambader ») et « radis » (en allemand *Rettich*) vient à la place de « racine » (*Wurzel*). Nous avons traduit par « nombre épatant » l'expression allemande *prima Zahl* (en allemand, *prima* signifie « excellent », « parfait »), mais nous avons perdu ainsi le jeu de mots allemand entre *prima Zahl* et *Primzahl*, qui est le vrai nom des nombres premiers.

« Vroum » se dit en allemand *Wumm*, interjection qui a le même sens que vroum. Rappelons que le terme « factorielle » (par exemple, factorielle 5) s'écrit 5!, d'où *Wumm!* et vroum!

Les nombres irrationnels *(irrationale Zahlen)* deviennent en rêve des nombres déraisonnables, dépourvus de raison *(unvernünftige Zahlen)*. Quant aux nombres imaginaires *(imaginäre Zahlen)*, ils se sont transformés en nombres imaginés de toutes pièces *(eingebildete Zahlen)* : le mot *eingebildet*

désigne souvent, en allemand, une personne préten-
tieuse qui n'a pourtant aucune raison de l'être...

Enfin, le traducteur aurait bien aimé offrir des
pains au chocolat aux écoliers français qui liront ce
livre, mais seuls les bretzels ont cette forme bizarre
qui ressemble aux inventions du professeur Klein,
que Pierre découvre dans le palais du ciel des
nombres !

Jean-Louis SCHLEGEL

Remerciements

L'auteur n'étant absolument pas un mathématicien, il a toutes les raisons de remercier ceux qui
l'ont aidé à écrire ce livre.

En premier lieu, ce fut son professeur de mathématiques, Théo Renner, un élève de Sommerfeld.
Tout à l'inverse de M. Bouquet, il avait le talent de
montrer qu'en mathématiques règne le plaisir, et non
l'horreur.

Parmi les démons des maths récents dont les tra-
vaux se sont révélés utiles, il faut nommer John J.
Conway, Philip J. Davis, Keith Devlin, Ivar Ekeland,
Richard K. Guy, Reuben Hersh, Konrad Jacobs, Theo
Kempermann, Imre Lakatos, Benoît Mandelbrot,
Heinz-Otto Peitgen et Ian Stewart.

Pieter Moree, de l'Institut Max-Planck (pour
les mathématiques) à Bonn, a été assez amical pour
relire le texte et corriger quelques erreurs.

Bien entendu, aucun des maîtres cités ne peut
être rendu responsable des rêves de Pierre.

Munich, automne 1996
H. M. E.

Dans la même collection

*L'Homme qui avait tout, tout, tou*t,
texte de Miguel Angel Asturias,
images de Jacqueline Duhême, 1999

Lettres d'un chasseur,
texte de Horacio Quiroga, illustré par Loustal, 2000

La Bague de l'empereur,
texte de Satyajit Ray, illustré par Miles Hyman, 2000

Flashage numérique CTP.

Achevé d'imprimer
sur les presses
de l'Imprimerie Mame à Tours,
en février 2000